Claus Coelius

Fit fürs
Assessment Center

CC-Verlag

Weitere interessante Titel in dieser Reihe:
(Nähere Titelinformationen vgl. auch im Anhang
oder im Internet unter http://www.cc-verlag.de)

- Das neue Bewerbungskonzept
- Ausbildungsplatz o.k!
- Bewerbungsbrief und Lebenslauf
- Bewerben nach dem Studium
- Tests für Hochschulabsolventen und Führungskräfte
- Fit fürs Bewerbungsgespräch
- Bewerben im Ausland
- Zeugnisse - Wie Sie böse Überraschungen vermeiden
  (Mit Checklisten zur Zeugnisanalyse)

ISBN 3-923930-07-0
Umschlagentwurf: Simone Fahrenholz
Druck: WB-Druck, Rieden
© Copyright 1999 by CC-VERLAG GmbH, Hamburg
Alle Rechte vorbehalten/ All rights reserved

Gern schicken wir Ihnen unser Verlagsverzeichnis:
CC-Verlag GmbH, Postfach 60 04 03, 22204 Hamburg
Fax: 040-6317306 • E-Mail: info@cc-verlag.de
Internet: http://www.cc-verlag.de

INHALT

1

Assessment Center
-Maßstab für Managementpotential

2

Postkorbübungen - Entscheidungsstreß pur

3

Gruppendiskussionen - Chaotisch oder konstruktiv?

4

Präsentationen - Der große Auftritt

5

Rollenspiele
- Menschenführung auf dem Prüfstand

6

Interviews - Gespräche mit Tiefgang

7

Tests - Etikettenschwindel?

1

Assessment Center
-Maßstab für Managementpotential

Bewerten, beurteilen, einschätzen

Der Erfolg einer Firma steht und fällt mit ihrem Personal. Das gilt besonders bei Führungskräften. Sich für die falschen Leute zu entscheiden kann Unternehmen teuer zu stehen kommen. Kein Wunder, daß viele Firmen gerade auf dem Sektor der Personalauslese keine Kosten scheuen, um auf diese Weise das Risiko einer Fehlbesetzung gering zu halten. Nicht zuletzt zeigt auch das ständige Aufkommen neuer Auswahlmethoden und der häufige Wechsel beruflicher Ausleseverfahren bei vielen Unternehmen, daß es Unsicherheiten gibt hinsichtlich der Entscheidung, ob man die Richtigen eingestellt hat.

Wer zum Assessment Center (abgekürzt AC) geladen wurde, ist oft in der engsten Auswahl. Kandidaten, die erfolgreich diese Prozedur durchstehen, können nicht selten mit hervorragenden Berufsperspektiven in dem betreffenden Unternehmen rechnen.

Wer im Assessment Center nicht gut abschnitt, ist dagegen oft frustriert, wenn er trotz bisheriger guter fachlicher Leistungen abgelehnt wird. Wurde er doch plötzlich an Fähigkeiten und Eigenschaften gemessen, die im bisherigen Berufsverlauf in nicht wenigen Unternehmen so konkret noch nie angesprochen oder auch durch Schulungen gefördert wurden:

- Soziale Kompetenz
- Durchsetzungsvermögen
- Flexibilität
- Kommunikationsfähigkeit
- Beredsamkeit
- Einfühlungsvermögen
- Gruppenverhalten

Ins Deutsche übersetzt bedeutet "to assess" soviel wie "bewerten", "beurteilen", "einschätzen". Der Ausdruck trifft den Zweck des Verfahrens recht genau. Der Arbeitskreis Assessment Center definiert sein Verfahren zur Auswahl von Führungskräften so:

"Ein Assessment Center ist eine vielschichtige, gleichzeitige Beurteilung mehrerer Teilnehmer durch mehrere Beobachter unter Einsatz verschiedener Beurteilungsmethoden. Die Teilnehmer werden in gemeinsamen Gruppendiskussionen, in Rollenspielen oder in Einzelarbeiten Arbeits- und Entscheidungssituationen aus dem beruflichen Alltag ausgesetzt, mit dem Ziel, die Eignung für bestimmte Aufgaben zu erkennen und Entwicklungsbedürfnisse zu ermitteln."

Wichtig für Erfolg und Qualität des AC ist der Realitätsbezug. Als Teilnehmer müssen Sie sich mit Aufgaben auseinandersetzen, welche die in Zusammenhang mit der ausgeschriebenen Position stehenden Probleme und den sich daraus ergebenden Anforderungen möglichst wirklichkeitsnah widerspiegeln.

Während man sich also bei traditionellen Auswahlverfahren vielfach nur auf eine Methode beschränkt oder Kombinationen aus Interviews und psychologischen Testverfahren benutzt, legt man beim AC besonderen Wert auf einen möglichst breit gefächerten Einsatz verschiedener Auswahlmethoden. Unternehmen erhoffen sich dadurch eine zuverlässigere und differenziertere Beurteilung der Kandidaten.

Ein Verfahren - Verschiedene Bezeichnungen

Nicht alle Unternehmen benutzen den Begriff Assessment Center. Einige Firmen ziehen andere Wortwahlen vor. Mitunter wird der Ausdruck "Assessment"= "Einschätzung" im Zusammenhang mit der Beurteilung von Menschen als abwertend und daher unangebracht gehalten. Auch erweckt der Ausdruck "Center" den Eindruck als ob es sich dabei mehr um ein Zentrum, eine Örtlichkeit und nicht um eine Methode handelt. Nicht wenige Unternehmen ziehen daher andere Bezeichnungen vor. Man trifft auf Formulierungen wie

- Beurteilungsseminar
- Qualifikationsseminar
- Managemententwicklungs-Seminar
- Personalentwicklungszentrum
- Führungskräfteentwicklungs-Seminar

- Förderungs-Seminar
- Potentialbeurteilungs-Programm
- Strategisches-Management-Entwicklungsprogramm
- Identifikations-Programm
- Management-Karriere-Planungszentrum

Inhalt und Zielsetzung dieser Veranstaltungen sind jedoch meistens ähnlich.

Unterschiedliche Qualitäten

Von deutschen Unternehmen wird die Auswahlmethode noch nicht lange praktiziert. Dennoch ist sie bereits weit verbreitet. Nicht zuletzt aufgrund der Unzulänglichkeiten anderer Ausleseinstrumente - insbesondere psychologischer Testverfahren - findet sie ständig mehr Anhänger.

Die Gründe sind einleuchtend: Ob ein Mitarbeiter die Fähigkeiten zu Höherem hat, hängt beim Assessment Center nicht mehr allein vom Urteil des unmittelbaren Vorgesetzten ab. Mit Hilfe verschiedener, möglichst praxisnaher Auswahlmethoden entscheiden stattdessen mehrere sogenannte Assessoren - für diese Aufgabe geschulte Führungskräfte. Wie zutreffend die Aussagen eines Assessment Center wirklich sind, hängt somit nicht nur vom Umfang und der Art der Aufgaben ab. Entscheidend für die Qualität eines Assessment Center ist auch, wie sorgfältig die zur Beobachtung abgestellten Führungskräfte geschult wurden.

Um eine höhere Vergleichbarkeit auch zwischen Kandidaten verschiedener AC zu erreichen, wird die Art der Durchführung und die Auswertung der Resultate in vielen Unternehmen weitgehend standardisiert. Zum Zwecke größerer Fairneß und Akzeptanz legen viele Firmen großen Wert darauf, daß die Methoden und Kriterien zur Kandidatenauswahl auch für die Geprüften durchschaubar sind. Gern wird dabei von den Veranstaltern betont, daß jedem Teilnehmer auf diese Weise die gleichen Chancen zukommen sollen und er sich direkt mit seinen Konkurrenten vergleichen kann.

Unterschiedliche Ziele

Assessment Center können unterschiedlichen Zielen dienen (Abb. 1). In den meisten Fällen werden Assessment Center allerdings zur Auswahl qualifizierter Fach- und Führungskräfte eingesetzt. Man spricht in diesem Fall von Auswahl-AC. Dabei müssen sich nicht nur externe Bewerber den oft streßbeladenen Übungen aussetzen: Kommen mehrere Kandidaten für eine Beförderung in Frage, oder soll eine wichtige Position im Unternehmen besetzt werden, gewinnen AC zunehmend auch bei der Auswahl von Kandidaten aus dem eigenen Unternehmen an Attraktivität.

Jedoch nicht nur für den gezielten Einsatz in einer speziellen Position werden AC durchgeführt. Immer mehr Firmen benutzen die Auswahlmethode auch, um sich damit einen generellen Überblick über die Fähigkeiten solcher Unternehmensmitglieder zu verschaffen, die für höhere Aufgabenbereiche geeignet sein könnten. In solchen Fällen wird oft von einem Entwicklungs-AC gesprochen. Welches Potential in den Mitarbeitern steckt, ist für die Unternehmensführung immer noch schwierig zu beurteilen. Umso willkommener sind dann einheitliche und systematische Beurteilungsverfahren wie etwa Assessment Center.

Wurden Sie von Ihrem Unternehmen zu einem AC eingeladen, so ist es schon ein Gebot der Fairneß, wenn man Sie bereits bei der Einladung darüber informiert, aus welchen Gründen Sie sich dieser Streßsituation aussetzen sollen. Schließlich ist es für Sie nicht unerheblich, ob das Unternehmen mit dem AC einen generellen Überblick über Förderungsdefizite erreichen möchte oder ob Sie sich einer eindeutigen Konkurrenzsituation gegenüber den anderen Teilnehmern aussetzen, um sich auf diese Weise eventuell für einen weiteren Aufstieg im Unternehmen zu qualifizieren.

Mindestanforderungen
- Assessment Center, die keine sind

Nicht jedes Assessment Center trägt seinen Namen zu Recht. Es reicht nicht, wenn vom Veranstalter einfach nur einige Übungen aneinandergereiht werden, um daraus ein Urteil über die Kandidaten zu bilden.

Besonders wenn bei der Gestaltung eines AC wirtschaftliche Aspekte zu stark im Vordergrund stehen, ist Vorsicht hinsichtlich der Aussagefähigkeit angebracht. Von Fachleuten wird ein Assessment Center nur dann als aussagekräftig und kompetent anerkannt, wenn es bestimmte Mindestanforderungen erfüllt:

- Es müssen mehrere verschiedene Methoden zur Anwendung kommen, von denen mindestens eine typische Situationen und Probleme des ausgeschriebenen Arbeitsplatzes simuliert. Die Simulationsübungen müssen so konstruiert sein, daß sie darüber Aufschluß geben, wie ein Kandidat sich verhält, wenn eine solche Situation auftritt.

- In einem echten AC gibt es immer mehrere Beobachter (Assessoren). Wie Ihre Leistungen im AC eingeschätzt werden, hängt vor allem von der Beurteilung dieser Assessoren ab. Als Faustregel rechnet man 2 Beobachter pro Kandidat. Damit die Beobachter nicht überfordert sind, werden meistens pro Übung nicht mehr als 3-4 Kriterien beobachtet.

- Nach Ablauf der Übungen hat die Beurteilung der Kandidaten auf der Basis der zusammengefaßten Ergebnisse aller Beobachter zu erfolgen und nicht nur durch einige wenige besonders dominierende Assessoren. Eine weitere Quelle möglicher Beurteilungsfehler liegt darin, daß nicht die Resultate aller Übungen angemessen berücksichtigt werden.

Was beobachtet werden soll, muß schon vorher genau festgelegt werden. Welche Fähigkeiten und Eigenschaften besonders gefragt sind, hängt von der jeweiligen Stelle ab. Dazu ist eine genaue Analyse der im Hinblick auf die ausgeschriebene Position gewünschten Verhaltensweisen und Fähigkeiten notwendig. Das sich aus solchen Analysen ergebende Anforderungsprofil muß also vorher festgelegt und allen Beobachtern bekannt sein.

Solche Anforderungen machen ein AC teuer. Die hohen Kosten halten indes immer weniger Unternehmen davon ab, Assessment Center durchführen. Schließlich können Fehlentscheidungen bei der Einstellung oder Förderung von Führungskräften das Unternehmen teurer zu

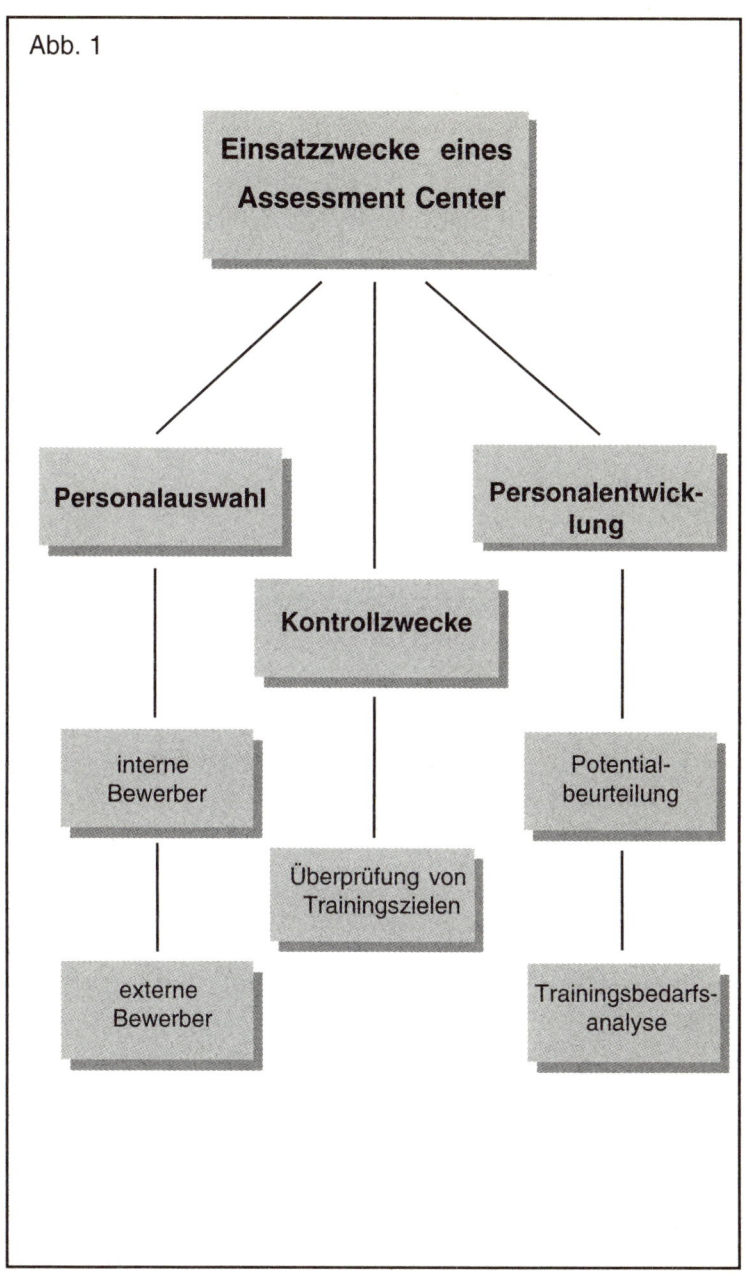

Abb. 1

Einsatzzwecke eines Assessment Center

Personalauswahl

Personalentwick- lung

Kontrollzwecke

interne Bewerber

Potential- beurteilung

Überprüfung von Trainingszielen

externe Bewerber

Trainingsbedarfs- analyse

stehen kommen. Nicht zu verkennen ist auch eine gewisse Alibi-Funktion des Verfahrens. Erfüllt ein Kandidat später die in ihn gesetzten Erwartungen nicht, kann sich der für die Personalentscheidung Verantwortliche auf die AC-Ergebnisse berufen.

In der Hoffnung, ihre Personalentscheidungen auf eine zuverlässigere Basis zu stellen, systematisieren mehr und mehr Firmen ihre Personalauswahl mit Hilfe eines AC. Das gilt vor allem dann, wenn das finanzielle Risiko bei einer möglichen Fehlentscheidung besonders groß ist, beispielsweise in höheren Führungspositionen. Die mit der Besetzung solcher Positionen einhergehenden Kosten eines eintägigen Einzel-AC liegen vielfach deutlich im fünfstelligen Bereich.

Ungeschulte Beobachter
- Zur Schwachstellenforschung ausgeartet

Nicht wenige Personalleute sehen im Assessment Center das derzeitig objektivste und vergleichsweise fairste Instrument zur Beurteilung von Führungskräften. Gleichgültig, ob Nachwuchskräfte oder gestandene Manager aufgrund ihres "Potentials" ausgewählt werden sollen, den Aussagen des Assessment Center kann man vertrauen, meinen seine Anwender.

Jedoch hängen Aussagefähigkeit und Erfolg eines AC wesentlich von den Fähigkeiten der Beobachter ab. In guten AC's wurden daher die Assessoren vorher sorgfältig geschult und im Beobachten trainiert. Nur so läßt sich der Einfluß subjektiver Meinungen und Vorurteile in Grenzen halten. Beispielsweise läßt sich bei ungeschulten Assessoren immer wieder beobachten, daß nur wenige in der Lage sind, zunächst Verhaltensbeobachtung und Bewertung voneinander zu trennen um sich damit ein möglichst breites Spektrum an Wahrnehmungen zu erhalten.

Immer wieder kommt es auch vor, daß sich ungeschulte Beobachter vor allem auf die Schwächen der Teilnehmer konzentrieren. AC jedoch, die zur reinen 'Schwachstellenforschung' entarten, haben ihren Sinn verfehlt. Sie wirken eher destruktiv als motivierend. Ziel sollte vielmehr sein, ein differenziertes Bild über die Fähigkeiten der einzelnen Teilnehmer zu ermitteln, um darauf aufbauend konkrete Trainings- und Weiterbildungsmaßnahmen einzuleiten. Grundsatz seriöser AC ist daher immer auch die Erstellung eines schriftlichen Gutachtens für jeden Teilnehmer sowie ein ausführliches Feedback-Gespräch.

Daß die Beobachter nicht selten nur unzureichend trainiert und geschult wurden, hat verschiedene Gründe: So erschwert sich der Einsatz betriebsinterner Führungskräfte oft dadurch, daß es Schwierigkeiten bei der terminlichen Koordination gibt. Oft erscheint es als nahezu unmöglich, die als Beobachter vorgesehenen Führungskräfte für rund eine Woche zu einem Vorbereitungsseminar zusammenzuführen.

Ein weiteres Problem liegt in der geringen Neigung vieler Beobachter, die Übungen des AC zur besseren Einfühlung einmal selbst zu durchlaufen. Hinzu kommt, daß die Notwendigkeit, Verhaltensbeobachtung in einem AC zu trainieren, für viele Führungskräfte aufgrund ihrer bisherigen Erfahrungen nicht einsichtig ist. Sind sie doch oft schon seit langen Jahren gewohnt, Mitarbeiter zu beurteilen.

Standard-AC - Wichtige Merkmale nicht erfaßt

Die Versuchung ist groß, daß sich Firmen der inzwischen schon vielfach angebotenen Standardverfahren bedienen, um auf diese Weise Kosten einzusparen. Solche kostengünstigen Standardverfahren (nicht zu verwechseln mit der Standardisierung eines spezifischen Unternehmens-AC) finden besonders gern bei externen Bewerbern Anwendung.

Die Nachteile dieser "AC von der Stange" liegen jedoch vielfach im unzureichenden Realitätsbezug. Oft beziehen sie sich zu wenig auf die ausgeschriebene Stelle. Das kann zur Folge haben, daß für die ausgeschriebene Position wichtige Merkmale nicht ausreichend erfaßt werden. Aufgrund der mangelnden Arbeitsplatzbezogenheit kann zudem die anschließende Durchführung von überzeugenden Beurteilungsgesprächen mitunter erheblich erschwert werden. Das hat bei einigen AC-Veranstaltern sogar dazu geführt, daß sie diese Gespräche völlig entfallen lassen. Statt eines ausführlichen Beurteilungsgesprächs erhalten die abgelehnten Kandidaten dann nur eine kurze Nachricht, in der ihnen mit dürren Worten mitgeteilt wird, daß man sich für jemand anders entschieden hat. Zurück bleiben dann Frustration und das unwohle Gefühl, ein Mensch zweiter Klasse zu sein.

Fatale Folgen - An der falschen Stelle gespart

Mitunter ist bei Unternehmen zu beobachten, daß die im AC enthaltenen Übungen nicht ausgewogen genug sind, um die an die ausgeschriebene Position gestellten Anforderungsmerkmale ausreichend zu erfassen. Die Versuchung ist groß, daß Veranstalter aus wirtschaftlichen Gründen vorzugsweise Übungstypen wählen, die kostengünstiger sind (z.B. Gruppendiskussionen oder psychologische Eignungstests). Das Unternehmen kann auf diese Weise erhebliche Kosten einsparen.

Sind bestimmte Aufgabentypen jedoch überproportional vertreten, vergrößert sich die Gefahr, daß bestimmte Verhaltensmerkmale zu stark gewichtet werden, während andere wesentliche Anforderungsmerkmale im Hintergrund bleiben oder gar nicht erfaßt werden. Gute AC decken deshalb die Aussagen über ein bestimmtes Anforderungsmerkmal durch mindestens zwei unterschiedliche Methoden ab. Die Ergebnisse einseitig ausgerichteter Assessment Center lassen dagegen in ihrer Aussage oft zu wünschen übrig.

Ein Assessment Center mit einseitigen Aussagen, die als Beurteilungsgrundlage unter Umständen auch noch den direkten Bezug zur in Frage kommenden Stelle vermissen lassen, hätte sich das Unternehmen letztlich aber auch sparen können. Ein gelungener Weg, um unter Umständen aufgrund falscher Kriterien den falschen Mann an die falsche Stelle im Unternehmen zu lotsen. Besonders bei der Besetzung von Schlüsselpositionen kann sich das fatal auswirken.

Der Ablauf eines Assessment Centers

Ein genormtes Assessment Center als Standard für alle Unternehmen gibt es nicht. Dafür sind die Aufgaben, Strukturen und Anforderungen in den einzelnen Firmen zu unterschiedlich. Allerdings läuft das Verfahren in vielen Unternehmen nach einem ähnlichen Schema ab (Abb. 2).

Für ein sorgfältig vorbereitetes Assessment Center erfordern die Vorarbeiten mindestens so viel Aufwand wie die Veranstaltung selbst. In Stichworten:

- Analyse der zur Diskussion stehenden Stelle

- Erstellung eines Anforderungsprofils

- Erarbeitung eines Merkmalkatalogs, um die geforderten Fähigkeiten und Eigenschaften für die spätere Beurteilung möglichst konkret und eindeutig zu beobachten

- Entwicklung und Auswahl dafür geeigneter Aufgaben

- Schulung der als Assessor abgestellten Führungskräfte

Die Anmeldung zum AC erfolgt in vielen Firmen durch interne Stellenausschreibungen oder durch den Vorgesetzten. Aber auch freiwillige Anmeldungen werden in einigen Unternehmen akzeptiert. Als Folge lassen sich nicht selten eine bessere Motivation und eine geringere Fluktuationsneigung beobachten. Ob jemand Aufstiegschancen hat oder nicht, ist mit dieser Regelung nicht mehr nur allein vom Verhältnis zum Vorgesetzten abhängig. Für aufstiegswillige Mitarbeiter hat das den Vorteil, daß sie von ihren Vorgesetzten nur bedingt an der Weiterentwicklung gehindert werden können.

Wurden Sie zu einem AC eingeladen, richten Sie sich darauf ein, daß man Sie für mindestens einen Tag einem beachtlichen Leistungsdruck aussetzen wird. Die Regel sind allerdings zwei bis drei Tage. In einigen Unternehmen hat man die Veranstaltung sogar auf bis zu einer Woche ausgeweitet. Schon aus Kostengründen sind so lange Prozeduren allerdings eher selten. Die Teilnehmergruppe besteht meistens aus 10-12 Bewerbern. Beobachtet und beurteilt werden die Teilnehmer in der Regel durch 4-6 Assessoren.

Durch den Einsatz verschiedener Aufgabenstellungen möchte man Beurteilungsfehler ausschalten, die in den einzelnen Übungen liegen können. Die Aufgaben sollten sich möglichst nah an der Realität der in Aussicht gestellten Position orientieren. Sie lassen sich in verschiedene Typen aufgliedern. In den meisten AC müssen die Teilnehmer Aufgaben der folgenden Art bearbeiten:

- Führerlose Gruppendiskussionen
- Postkorbübung
- Rollenspiele
- Präsentationen
- Interviews

Fast alles, was das Repertoire hergibt, kommt damit zum Einsatz. Dabei ist keine dieser Methoden eigentlich neu. Neu ist die methodische Zusammenfassung und Kombination mehrerer Verfahren zu einem mehr oder weniger abgerundeten Ganzen.

Umstritten ist der Einsatz psychologischer Eignungstests im Assessment Center. Nicht wenige Unternehmen haben deshalb darauf verzichtet. Bei einigen Firmen müssen Sie dennoch damit rechnen, daß man Ihnen auch psychologische Tests vorlegen wird. Da im Assessment Center normalerweise fachliches Wissen nicht abgefragt wird, müssen Sie vor allem mit der Beantwortung von Persönlichkeitsfragebögen rechnen, obwohl diese mit den Grundsätzen und Zielen eines Assessment Center nicht immer vereinbar sind (vgl. letztes Kapitel).

Fairneß als Qualitätsmaßstab

In einem guten AC wird Wert darauf gelegt, daß das Verfahren auch für die Teilnehmer durchschaubar bleibt. Auf diese Weise soll ein faires Klima geschaffen werden, in dem sich die einzelnen Teilnehmer ohne Mißtrauen gegenüber den einzelnen Beurteilungsverfahren entfalten können. Dazu gehört auch, daß jedem Teilnehmer klar ist, wie die Beurteilungsergebnisse zustande kommen.

Abb.: 2
Ablaufplan eines Assessment Centers

Tag der Anreise

18.30 h Begrüßung und Einführung,
         Vorstellung derTeilnehmer
19.00 h Gemeinsames Abendessen

1. Tag

 9.00 h Einzelinterviews
10.15 h Pause
10.30 h Führerlose Gruppendiskussion
12.00 h Mittagspause (gemeinsames Essen)
13.00 h Persönlichkeitstests
15.30 h Vorbereitung und Präsentation von
         Einzelthemen (incl. Kaffeepause)
17.15 h Rollenspiel (incl. Vorbereitung)
19.00 h Gemeinsames Abendessen

2. Tag

 9.00 h Postkorbübung
12.00 h Mittagspause (gemeinsames Essen)
13.00 h Interview zur Postkorbübung
13.20 h Rollenspiel (incl. Vorbereitung)
15.00 h Führerlose Gruppendiskussion
16.00 h Abschlußgespräch,
         Mitteilung der Ergebnisse
17.00 h Verabschiedung

Zu einem seriösen Assessment Center gehört immer auch ein gut vorbereitetes, ausführliches Feedback-Gespräch. Gleichgültig, ob der Teilnehmer erfolgreich oder weniger erfolgreich abgeschnitten hat, sollte er in einem vertraulichen Gespräch sorgfältig darüber informiert werden, wie und warum er entsprechend beurteilt wurde und wo seine Stärken und Schwächen liegen.

Auch wenn Sie das AC nicht ernst nehmen - zeigen Sie es nicht. In das Assessment Center investieren Unternehmen oft beträchtliche Summen und viel Zeit. Bei vielen Firmen nimmt gerade bei diesem Verfahren die Fairneß gegenüber den Bewerbern einen hohen Rang ein. Kein Wunder, daß Veranstalter verärgert reagieren, wenn sich herausstellt, daß man sie auf den Arm genommen hat.

Viele der Übungen werden Anforderungen an Ihr Organisationsgeschick stellen. Es kann eine Hilfe sein, wenn Sie sich mit einigen Grundregeln im Zeitmanagement etwas vertraut machen - beispielsweise Techniken der Wertanalyse und der A-B-C Klassifikation.

Wurden Sie zum Assessment Center eingeladen, haben Sie meistens schon einiges erreicht. Es ist anzunehmen, daß der Firma Ihre Fähigkeiten und bisherigen Leistungen zugesagt haben und man es für denkbar hält, daß Sie im Unternehmen für Tätigkeiten auf höherer Ebene geeignet sind. Nun hängt alles davon ab, welchen Eindruck Sie im Assessment Center machen werden. Eine gezielte Vorbereitung wird Ihnen dabei helfen.

2

Postkorbübungen
- Entscheidungsstreß pur

Vorfälle, die es in sich haben

Stellen Sie sich vor, Ihr Chef ist plötzlich krank und Sie als sein Stellvertreter müssen kurzfristig seine Arbeit übernehmen. Womit fängt der Tag an? Sie müssen eine Fülle eingehender Post erledigen: Was ist wichtig? Was kann warten? Was kann ich delegieren? Was muß ich selbst erledigen? Sind wichtige Termine zu berücksichtigen? Sind Entscheidungen zu treffen? Wie soll ich entscheiden? Das alles ist unter großem zeitlichem Druck zu erledigen. Der Streß läßt sich noch erhöhen, indem etwa von Zeit zu Zeit das Telefon klingelt, oder ein "Mitarbeiter" kommt herein nach dem Motto: "Können Sie mir mal helfen? Ich hab da ein Problem."

In einer anderen Aufgabe sollen Sie gerade von einer längeren Dienstreise zurückgekommen sein. Es ist niemand zu Haus. Ihre Frau wurde am Morgen ins Krankenhaus eingeliefert (Blinddarm), hat Ihnen aber vorher noch einen Zettel hinterlassen, auf dem unter anderem steht, daß sie das Dienstmädchen gefeuert hat, weil sie glaubt, daß es gestohlen hat. Offenbar ist Ihrer Frau entgangen, daß eine fristlose Kündigung auf einen vagen Diebstahlsverdacht hin ohne stichhaltige Beweise rechtlich problematisch ist. Konsequenz für Sie: Sprechen Sie nicht mit dem Dienstmädchen, müssen Sie mit einer Klage rechnen. Am nächsten Morgen geht es wieder auf eine ferne Dienstreise, wo Sie nur schwer erreichbar sind (z.B. Taiwan). Natürlich ist das Telefon defekt, so daß Sie es nicht benutzen können.

Auch bei dieser Aufgabe haben Sie nur wenig Zeit, um die eingegangenen Nachrichten und die Post zu erledigen (eine Stunde). Sie müssen sich mit den unterschiedlichsten Dingen auseinandersetzen.

Einige Kostproben:

In einem Schreiben Ihrer Bank erfahren Sie, daß ein Teil Ihrer Aktien im Wert von 90 tausend Mark wegen eines drohenden Konkurses vom Wertverfall bedroht ist, wenn Sie nicht schnell handeln. Um wenigstens einen Teilbetrag zu retten, macht Ihnen die Bank den Vorschlag, die Aktien umgehend um ein Drittel unter Kurswert zu verkaufen. Auf diese Weise würden von den 90 wenigstens noch 60 tausend Mark gerettet werden. Das Angebot gilt bis heute.

Die Entscheidung wird Ihnen nicht gerade leichter gemacht, als Sie einige Vorgänge später in den von Ihnen abonnierten vertraulichen Börsenmitteilungen erfahren, daß bei verschiedenen Finanzierungsinstituten der Verdacht unlauterer Geschäftspraktiken aufgekommen ist. Angeblich wollen diese Firmen mit der Verbreitung von Gerüchten über die Gefahr drastischer Kurseinbrüche bestimmter Aktien Panikverkäufe provozieren, um die so weit unter Kurs abgestoßenen Wertpapiere später preiswert aufzukaufen. Einen Beweis dafür gibt es bisher allerdings nicht. Wem wollen Sie also mehr Vertrauen schenken: Der Bank oder den Börsenmitteilungen?

In einem Brief vom Amtsgericht erfahren Sie, daß Sie für den Dienstag der nächsten Woche - Sie wollen dann auf Geschäftsreise sein - als Schöffe bestellt worden sind, wobei man sich dieser Tätigkeit nur in wenigen, sehr begründeten Ausnahmefällen entziehen kann.

Nebenbei erfahren Sie aus einer Nachricht Ihres Sohnes, daß er Ihrer Frau als Trostpflaster für den Krankenhausaufenthalt ein nettes Geschenk gemacht hat: eine goldene Halskette im Werte von eintausend Mark, die er beim Juwelier "auf Pump" mit der Vereinbarung kaufte, daß die Rechnung noch heute von Ihnen bezahlt wird. Vorher stellten Sie fest, daß Sie kaum noch Geld im Hause haben.

Ein Schreiben des Direktors der Schule Ihrer beiden Kinder klärt Sie darüber auf, daß die beiden mehrfach unentschuldigt gefehlt und obendrein in mehreren selbst verfaßten Entschuldigungsschreiben Ihre Unterschrift gefälscht haben. Wenn Sie nicht umgehend eine "hieb- und stichfeste Entschuldigung" nachlieferten, würde man die Kinder von der Schule verweisen.

Danach müssen Sie in die Stadt und in kurzer Zeit (2 Stunden) zahlreiche Besorgungen erledigen, die für Sie wichtig sind. Hier geht es darum, daß Sie Ihre Wege optimieren, damit Sie keine Zeit verschenken. Vorher haben Sie noch in einer Nachricht Ihrer Frau erfahren, daß Ihre Kinder just dann aus der Schule nach Haus kommen werden, wenn Sie Ihre wichtigen Besorgungen erledigen wollen. Die Kinder haben keinen Schlüssel.

Ob diese Übung wirklich realitätsnah ist, mögen Sie selbst entscheiden. Jedenfalls sind Postkorbaufgaben nicht selten nach solchem Muster aufgebaut. Sie müssen also damit rechnen, daß man Sie mit einem Postkorb konfrontiert, der ähnliche Situationen erwarten läßt.

Daß ein AC eine Postkorbübung enthält, ist heute die Regel. Bei vielen Firmen zählt die Aufgabe sogar zu den Schwerpunkten im Assessment Center. Dabei gehört der Postkorbtest nicht einmal zu den Aussagekräftigsten. Das jedenfalls haben wissenschaftliche Untersuchungen gezeigt. Es stellte sich heraus, daß Übungen vom Typ Postkorb in der Qualität ihrer Aussagen nur an dritter Stelle lagen. Im Vergleich mit den Werten von führerlosen Gruppendiskussionen und standardisierten Interviews fielen sie deutlich zurück. Dennoch darf ein Postkorb in den meisten AC nicht fehlen.

Postkorb-Interviews - Manko an Entscheidungsfreude

Beliebt sind auch anschließende Interviews, in denen man von Ihnen erfahren möchte, warum Sie sich gerade so und nicht anders entschieden haben. Mit ausgefeilten Fragen forschen die Interviewer hierbei nach bestimmten Eignungsmerkmalen wie beispielsweise Organisations- und Planungsgeschick oder systematisches Arbeiten.

Gern wird auch gefragt, ob Sie bei der Bearbeitung des Postkorbes nach einem bestimmten Konzept oder einer vorher festgelegten Strategie vorgegangen sind, ob beispielsweise bestimmte Dinge für Sie Priorität hatten. In solchen Fällen müssen Sie damit rechnen, daß man prüfen wird, ob und wie Sie Ihre Strategie eingehalten haben. Es kann vorkommen, daß hartnäckige Interviewer von Ihnen eine Begründung für jede Entscheidung haben wollen.

Bei solchen Rede- und Antwortspielen wird gern erforscht, ob Sie bei Ihren Entscheidungen auch an die Folgen gedacht haben. Es ist daher wichtig, daß Sie sich schon während der Bearbeitung des Postkorbs verdeutlichen, warum sie so und nicht anders verfahren sind. Auch wenn die Praxis mitunter anders aussieht, wer sich auf bequeme Weise durch die Aufgabe hindurchwursteln will und sich nur irgendwie entscheidet, läuft Gefahr, daß er scheitert. Minuspunkte sammelt auch, wer Antworten gibt, die den Verdacht aufkommen lassen, daß man sich vor einer Entscheidung drücken wollte und nach Auswegen suchte, um sich nicht festlegen zu müssen. Leicht kann so ein Verhalten als Entscheidungsschwäche ausgelegt werden.

Augenmaß und Fingerspitzengefühl

So wollte ein Anwärter für die Position eines Abteilungsleiters im Rechnungswesen seine Postkorbübung besonders elegant lösen: Nach einer ersten Sichtung der Unterlagen hatte er die einfachen Vorgänge zunächst einmal delegiert. Durch diese Maßnahme wurde die Aufgabe deutlich übersichtlicher - leichter wurde sie allerdings nicht: Es zeigte sich, daß viele der zu lösenden Probleme mehrdeutig und sehr komplex waren. Eine objektiv richtige Lösung, die sich etwa auf Unternehmens-grundsätzen oder anerkannten Führungsregeln abstützen konnte, gab es nur in seltenen Fällen. Stattdessen forderten die Vorgänge persönliche Urteile geradezu heraus.

Wegen ihrer Tragweite erforderten die zu treffenden Entscheidungen Augenmaß und viel Fingerspitzengefühl. Voraussetzungen, die nicht selten ein unbehagliches Gefühl der Unsicherheit aufkommen lassen, wenn ohne ausreichende Kenntnis der Rahmenbedingungen schnell und ohne viel Überlegung entschieden werden muß. So ging es auch diesem AC-Teilnehmer. Um fundierter entscheiden zu können, hielt er es für sinnvoller, sich zunächst auf die Gewichtung und das Sortieren der wichtigeren Unterlagen zu beschränken. Von seiner Reise zurückge-kommen, wollte er dann die seiner Meinung nach gewichtigeren Fälle in Ruhe und mit mehr Überlegung entscheiden.

Die Strategie scheiterte. Zwar registrierten die Beobachter wohlwol-lend, daß er es verstand, seine Zeit einzuteilen. Positiv beurteilt wurde auch die Bereitschaft, Aufgaben zu delegieren. Hinsichtlich der eigenen Arbeitssystematik jedoch war das Urteil vernichtend. Mit dem Hinweis, daß der Kandidat nach seiner Rückkehr von der Reise mit Sicherheit den nächsten vollen Postkorb vorfinden würde, bescheinigte man ihm unzureichende persönliche Arbeitstechniken und warf ihm wegen des Aufschiebens einiger Fälle sogar ein Manko an Entscheidungsfreude vor.

Worauf wird geachtet?

Postkorbübungen sind nicht gerade neu. Als Weiterentwicklung situativer Übungen aus dem Militärbereich wurden sie bereits in den 50er Jahren von Psychologen entwickelt und erstmalig bei der amerikanischen Firma AT & T (American Telephone & Telegraph Company) zur Rekrutierung von Führungskräften angewandt. Für das Unternehmen sind diese Tests aufwendig und teuer. Da sie jedoch bei AC-Veranstaltern als eine der zuverlässigsten Möglichkeiten zum Feststellen von Managerqualitäten gelten, hält man den Aufwand für gerechtfertigt.

Entsprechend umfangreich ist die Liste der zu beobachtenden Eigenschaften und Fähigkeiten (Abb. 3). Ein Schwerpunkt liegt in der Beurteilung der Arbeitssystematik. So will man mit Hilfe dieses Tests herausfinden, wie gut Sie sich und Ihre Arbeit organisieren und ob Sie bei der Fülle wichtiger und unwichtiger Informationen die Übersicht und den Blick für das Wesentliche behalten.

Daß vor allem bei Positionen mit Personalverantwortung Faktoren wie Entscheidungs- und Führungsverhalten besonders sorgfältig unter die Lupe genommen werden, versteht sich von selbst. Wer in solchen Situationen nicht genug delegiert, wird Probleme mit seiner Zeit bekommen. Mit dem Delegieren allein ist es allerdings noch nicht getan. Oft wird auch festgehalten, wie Sie delegieren. So gehört zum Übertragen von Aufgaben auf Mitarbeiter grundsätzlich auch die Regelung der anschließenden Leistungskontrolle. Schließlich besteht eine der dominierenden Aufgaben von Führungskräften in deren Kontrollfunktion. Wenn Sie also Aufgaben delegieren, sollten Sie sich auch überlegen, wie Sie deren Ausführung überwachen wollen. Im anschließenden Interview wird man Ihnen mit Sicherheit hierzu Fragen stellen.

Von Zweifeln geplagt

Das Treffen von Entscheidungen ist eine zentrale Aufgabe von Führungskräften und entsprechend auch ein Eignungskriterium. Ihr Entscheidungsverhalten wird man vor allem auch mit Hilfe der Postkorbübung analysieren wollen. Nicht selten steht bei der Beurteilung weniger die Qualität der Entscheidung im Vordergrund, als vielmehr die Bereitschaft und die Fähigkeit, überhaupt Entscheidungen zu treffen, auch wenn man damit Risiken in Kauf nehmen muß. Oft wird mehr beachtet, ob die Entscheidungen im Rahmen der gesamten Aufgabe in sich stimmig und plausibel sind. Im nachfolgenden Interview wird gern geprüft, ob der Teilnehmer auch bereit ist, seine einmal getroffene Entscheidung zu vertreten.

Immer wieder läßt sich beobachten, daß Kandidaten sich in ihrer Effizienz selbst behindern, weil sie Probleme eher kritisch statt dynamisch angehen. Die Fakten zu sammeln, stellt jedoch nur einen Teil der Arbeit dar. Die Informationen sinnvoll einzusetzen, um das eigene Vorgehen danach auszurichten, ist mindestens ebenso wichtig. Schließlich ist das Ziel die Entscheidung und nicht die Entscheidungsvorbereitung. Wer sich zu sehr darauf konzentriert, die beste Lösung zu finden, läuft Gefahr, daß er am Ende von Zweifeln geplagt in der Aufgabe stecken bleibt und gar nichts unternimmt. Als umsichtige Ratgeber nehmen solche Leute sicher eine wichtige Funktion ein. Als Entscheidungsträger geraten sie leicht in Konflikte. Sich von mehreren Lösungsmöglichkeiten zügig für eine zu entscheiden, ist mitunter sinnvoller, als die Überlegungen hinauszuziehen, bis auch der letzte Zweifel beseitigt ist.

Belastbarkeit als Kriterium

Nicht zuletzt werden durch den Zeitdruck und die ungewohnten Probleme, mit denen man Sie konfrontiert, auch besondere Anforderungen an Ihre Auffassungsgabe und Flexibilität gestellt. Teilnehmer berichten immer wieder, daß sie sich bei der Bearbeitung der Postkorbübung einem enormen Streß ausgesetzt fühlten. In der Belastungsfähigkeit der einzelnen Kandidaten liegt denn auch regelmäßig ein wichtiges Auswahlkriterium:

- *"Handelt bei komplexen Aufgaben überlegt, planvoll und organisiert."*
- *"Arbeitsleistung fällt auch nach längerer Zeit nicht ab."*
- *"Reagiert bei hohem Arbeitsdruck nicht emotional, wenn Schwierigkeiten auftreten."*
- *"Läßt sich in seiner Vorgehensweise nicht beirren, auch wenn die Zeit knapp wird."*
- *"Konzentration bleibt über die gesamte Aufgabe hinweg konstant."*
- *"Ist bemüht, begonnene Arbeiten zügig abzuschließen."*

Solche und ähnliche Formulierungen finden sich in den Beobachtungsbögen immer wieder. Mit ihrer Hilfe sollen die Assessoren registrieren, wie die einzelnen Teilnehmer unter Druck arbeiten und in welchem Ausmaß die Arbeitsleistung beeinflußt wird. Da der Postkorbtest vergleichsweise lang ist, sehen nicht wenige AC-Veranstalter in ihm ein besonders geeignetes Instrument, um zu messen, wie gut die Kandidaten eine längere Zeit unter Streßbedingungen arbeiten können.

Tips zur Vorbereitung

Wie geht man an diesen Test heran? Wegen der beträchtlichen Entwicklungskosten ist der Gedanke verlockend, standardisierte Einheitspostkörbe einzusetzen und auf diese Weise den Aufwand zu reduzieren. Ähnlich wie bei Eignungstests werden denn auch den Unternehmen verschiedentlich Standardübungen angeboten. Firmen, die sie einsetzten, sahen sich jedoch regelmäßig der Kritik von Fachleuten ausgesetzt. Bezweifelt wurde die Aussagekraft solcher Übungen wegen des fehlenden Bezugs zur ausgeschriebenen Stelle.

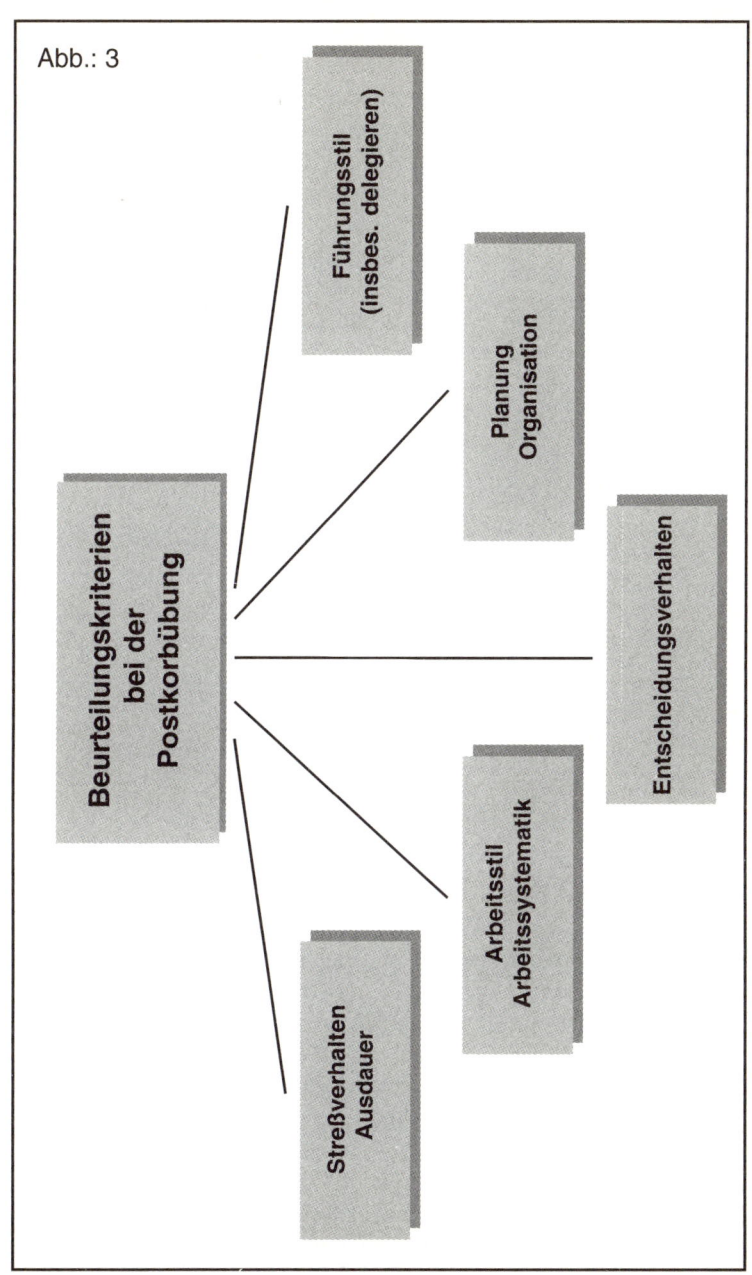

Abb.: 3

Führungsstil
(insbes. delegieren)

Planung
Organisation

Entscheidungsverhalten

Beurteilungskriterien
bei der
Postkorbübung

Arbeitsstil
Arbeitssystematik

Streßverhalten
Ausdauer

Viele Unternehmen ziehen es daher vor, ihre Postkorbübung je nach ausgeschriebener Position unterschiedlich zu konstruieren. Angestrebt wird ein Aufgabenspektrum, welches möglichst wirklichkeitsnah die Anforderungen des in Frage stehenden Jobs und die speziellen Gegebenheiten der Firma widerspiegelt. Die Wahrscheinlichkeit, daß Sie sich mit einem Standardpostkorb auseinandersetzen müssen, ist damit recht gering. Sich auf eine konkrete Postkorbübung vorzubereiten, verleiht daher nicht selten ein Gefühl falscher Sicherheit.

Zur Vorbereitung kann es nicht schaden, wenn Sie sich schon jetzt überlegen, wie Sie vorgehen würden, um sich in kurzer Zeit in eine neue Materie einzuarbeiten. Was würde ich zuerst tun? Worauf muß ich besonders achten? Wo könnten Fußangeln liegen? Beispielsweise wird es von Vorteil sein, wenn Sie zu Beginn der Übung noch nicht so sehr ins Detail gehen, sondern erst einmal alle Unterlagen sichten.

Überlegen Sie sich möglichst konkret die einzelnen Schritte Ihrer Vorgehensweise. Wer sich schon vorher seine "Bearbeitungsstrategie" zurechtgelegt hat, wird mit mehr Selbstvertrauen in die Übung gehen - übrigens auch ein Merkmal, daß von Assessoren beurteilt wird. Zuversicht und Optimismus sind gefragt.

Checkliste für Postkorbübungen

Es hat sich immer wieder gezeigt, daß es eine Hilfe sein kann, wenn man weiß, worauf besonders geachtet wird. Trotz der Verschiedenartigkeit der Aufgaben sind die zu beobachtenden Merkmale nämlich einander oft recht ähnlich. Mit dem Wissen, worauf es besonders ankommt, kann man bei der Bearbeitung der Aufgaben bestimmte Schwerpunkte setzen und unter Umständen sogar den zeitlichen Druck mindern. Folgen Sie dieser Checkliste, so haben Sie die wichtigsten Beobachtungsmerkmale abgedeckt. Wer sich vorher so einen Leitfaden einprägt, läuft bei der späteren Postkorbbearbeitung weniger Gefahr, daß er wichtige Punkte unberücksichtigt läßt. Übrigens, die Fragen haben auch noch einen weiteren Vorteil: Sie können bestimmte Vorgänge und Handlungsweisen bewußter machen. Spätestens im nachfolgenden Interview wird Ihnen das helfen.

Einstieg:

- Habe ich wirklich alle Informationen gelesen und registriert?
- Nach welchen Zielen/ Kriterien lassen sich die einzelnen Vorfälle ordnen?
- Welche Vorfälle sind wichtig? Warum?
- Welche Vorfälle sind unwichtig und können warten? Warum?
- Gibt es Verflechtungen/ Zusammenhänge zwischen einzelnen Sachverhalten?
- Welche sonstigen Gemeinsamkeiten lassen sich erkennen? (z.B. in der Vorgehensweise, Problemart, Entscheidung)
- Wie sollte mein Zeitplan aussehen?

Delegation:

- Was werde ich delegieren? Warum?
- Wie will ich die delegierten Aufgaben kontrollieren?
- Könnte der Gedanke aufkommen, daß ich mich bei einigen Vorfällen durch Delegation vor Entscheidungen drücken will, die ich eigentlich selbst treffen sollte?

Eigene Erledigung:

- Was sollte ich selbst erledigen? Warum?
- Welche Ordnungskriterien bieten sich an, um die einzelnen Vorgänge zu strukturieren und zu gliedern?
- Gibt es Prioritäten oder Interessen, die ich bei meiner Vorgehensweise berücksichtigen sollte?
- Müssen bestimmte Termine eingehalten werden?

- Sind die damit verknüpften Vorfälle wirklich so wichtig, um aus terminlichen Gründen vorgezogen zu werden? (noch einmal überdenken)
- Was würde geschehen, wenn der Termin verfällt?
- Halte ich die zeitlichen Vorgaben ein?
- Läßt sich ein roter Faden bei meinem Vorgehen erkennen?

Entscheidungen:

- Habe ich bei meinen Entscheidungen alle relevanten Informationen berücksichtigt?
- Welche Alternativen bieten sich an?
- Mit welchen Folgen, Konsequenzen, Konflikten muß ich bei einzelnen Entscheidungen rechnen?
- Lassen sich diese umgehen oder muß ich sie bewußt in Kauf nehmen?
- Wie wirkt sich das auf andere Vorgänge im Postkorb aus?
- Könnten meine Maßnahmen negativen Einfluß auf andere Zusammenhänge haben, die nicht unmittelbar mit den Postkorbaufgaben zusammenhängen (z.B. Betriebsklima, Führungsstil, Verhältnis zu Mitarbeitern, Kollegen)?
- Wie läßt sich das rechtfertigen?
- Sind meine Entscheidungsgründe für andere plausibel und nachvollziehbar?

3

Gruppendiskussionen
- Chaotisch oder konstruktiv?

Schwerpunkt im Assessment Center

Führerlose Gruppendiskussionen gehören zum Standardrepertoire vieler AC. Davon ausgehend, daß sich jede Führungskraft mit verschiedenen Gruppen auseinandersetzen muß, haben solche Diskussionen meistens ein großes Gewicht bei der Eignungsbeurteilung der Teilnehmer. Besonders wenn es sich um betriebliche Themen handelt , gelten sie als gutes Instrument, um zu zeigen, wie jemand sich gegenüber seiner Umgebung verhält, wenn es darum geht, bestimmte Interessen zu vertreten.

Die meisten Diskussionen sind relativ kurz. Nicht selten werden sie auf nur 15-30 Minuten begrenzt. Durch die knappe Zeit entsteht ein gewisser Zwang zur Straffung und zu einer stärkeren Ausrichtung auf ein Ergebnis hin. In der Regel wird nämlich erwartet, daß die Gruppe am Ende der Diskussion eine Lösung oder Entscheidung liefert, welche von allen getragen wird. Zeichnet sich in der Diskussion ab, daß kein gemeinsamer Nenner erreicht wird, geraten viele Teilnehmer unter Streß. Nicht selten äußert sich das in aggressivem Verhalten gegenüber anderen Gruppenmitgliedern.

Freies Spiel der Kräfte

Die Diskussionsteilnehmer sind alle gleichberechtigt - es herrscht sozusagen ein freies Spiel der Kräfte. Sehr schnell bilden sich unter diesen Voraussetzungen verschiedene Rollen heraus. Ob die Diskussion geordnet oder in unstrukturierten Bahnen verläuft, hängt von der Gruppe ab. Entsprechend gibt es auch keinen Diskussionsleiter oder Moderator, es sei denn, die Gruppe einigt sich auf einen aus ihrer Mitte - ein interessanter Beobachtungspunkt für die Beobachter.

Mitunter müssen die Gruppenmitglieder vor der Diskussion eine Stellungnahme zum Thema abgeben, sich also bereits vorher eine Meinung bilden, die es dann zu vertreten gilt. Da diese Stellungnahmen schriftlich sind, können die Assessoren während der Diskussion leicht feststellen, wer besonders stark von seiner vorgefaßten Meinung abweicht - sich also leichter beeinflussen läßt - und wer nicht. Zusätzlich bieten solche Stellungnahmen auch noch die Möglichkeit, das schriftliche Ausdrucksvermögen zu prüfen.

Für die Teilnehmer macht das die Sache nicht gerade leichter. Besonders wenn Themen vorgegeben werden, bei denen es sich vorwiegend um Wertvorstellungen handelt, so daß schwerlich objektiv gesagt werden kann, was richtig und was falsch ist, drohen die Diskussionen ins Emotionale abzugleiten. "Über den Geschmack ist nicht zu streiten", sagten schon die alten Römer. Bei führerlosen Gruppendiskussionen müssen Sie auch damit rechnen.

Gefragt ist allerdings nicht nur Durchsetzungsvermögen. Positiv registriert werden auch Merkmale wie Kooperationsbereitschaft und die Fähigkeit zur Integration. Kandidaten, die sich auf Kosten der übrigen Gruppenmitglieder rücksichtslos in den Vordergrund drängen wollen, schneiden bei der anschließenden Beurteilung durch die Assessoren häufig schlechter ab.

Beurteilungen, mit denen keiner rechnet

Teilnehmer mit zu ausgeprägtem Ellenbogenverhalten können aber auch noch an einer anderen Klippe scheitern.

Es sind nicht immer nur die Assessoren, die ein Urteil über die einzelnen Diskussionsteilnehmer abgeben. In einigen AC kommt es auch vor, daß in Einzelgesprächen im Anschluß an die Diskussion jeder Teilnehmer sein Urteil abgeben soll, wie er die anderen einschätzt, bzw. welche Wirkung und Ausstrahlung diese auf ihn haben. In einem zweiten Schritt wird dann verglichen, inwieweit sich die Aussagen im Hinblick auf die einzelnen Kandidaten decken. Diese sogenannten Peer-Ratings stehen bei AC-Veranstaltern weit oben in der Beliebtheitsskala. Sie gelten als besonders zuverlässig in der Aussage.

Bei den Teilnehmern selbst ist das Verfahren weniger beliebt. Für viele kommt diese Art der Befragung überraschend. Daß sie nun selbst über das Schicksal Ihrer Konkurrenten mitentscheiden sollen, haben sie sich nicht träumen lassen.

Im Rahmen der AC-Veranstaltung bildet sich oft ein Zusammengehörigkeitsgefühl unter den Teilnehmern heraus. Viele empfinden es daher als Anmaßung, wenn sie über ihre Kollegen und Mitstreiter ein so schicksalsschweres Urteil abgeben sollen. Auch Verweigerungen bleiben nicht aus.

In vielen AC werden die Teilnehmer daher nicht direkt zu einer Beurteilung der anderen Teilnehmer aufgefordert. Stattdessen versucht man den Gruppenstatus einzelner Mitglieder zu hinterfragen. Kennt man die Zielrichtung der Fragen nicht, wirken diese eher unverfänglich. Solche Interviews können mit recht harmlosen Fragen beginnen:

- *"Wie haben Sie sich während der Diskussion in der Gruppe gefühlt?"*
- *"Wie zufrieden sind Sie mit der Diskussion?"*
- *"Was hätte besser sein können?"*
- *"Hat Ihnen die Diskussion etwas an persönlichen Erfahrungen gebracht?"*

Das sich aus solchen Fragen ergebende Gespräch soll Vertrauen schaffen. Danach leitet man über zum eigentlichen Kernpunkt, mitunter allerdings mit Fragen, deren Sinn nicht immer leicht zu erkennen ist:

- *"Mit welchem Diskussionspartner würden Sie heute abend am ehesten privat ein Bier trinken gehen?"*
- *"Wem würden Sie auf keinen Fall Ihr Auto leihen?"*
- *"Mit wem würden Sie am ehesten gemeinsam eine gefährliche Bergtour unternehmen?"*
- *"Von welchem Diskussionspartner könnten Sie sich vorstellen, daß er Ihnen 'aus der Patsche hilft', wenn Sie in Schwierigkeiten sind?"*

- *"Mit wem würden Sie am ehesten mit einer Yacht auf eine längere Segeltour gehen, wo man längere Zeit gemeinsam auf engem Raum auskommen muß und aufeinander angewiesen ist?"*
- *"Wem in Ihrer Gruppe würden Sie vorbehaltlos ein altes gebrauchtes Auto abkaufen?"*

Die Fragen können aber auch direkter sein:

- *"Wer hat nach Ihrer Meinung am meisten zum Diskussionsergebnis beigetragen?"*
- *"Wer in der Gruppe würde sich nach Ihrer Meinung die meisten Freiheiten bei der Durchsetzung seiner Interessen zugestehen?"*
- *"Mit wem würden Sie am liebsten zusammenarbeiten?"*
- *"Wer hat Ihrer Meinung nach am fairsten diskutiert?"*
- *"Wen würden Sie als Diskussionsleiter akzeptieren?"*

Die sich aus solchen Fragen ergebende Sozialstruktur der Gruppe läßt sich sogar grafisch darstellen. In Abb. 4 zeigt sich beispielsweise, daß F von den anderen als unfairer Diskussionspartner empfunden wird, B dagegen als recht fair.

Eine andere Darstellungsweise betont mehr die Rangposition innerhalb der Gruppe. Je nach Häufigkeit der Nennungen durch die anderen Mitglieder werden hier die Personen auf einer Skala aufgetragen. Die am häufigsten genannte Person steht oben. Beispielsweise kann eine mögliche Auswertung der Gruppenverhältnisse auch darin bestehen, daß aufgezeichnet wird, wie häufig die einzelnen Diskussionsteilnehmer angesprochen werden. Solche Auswertungen werden zur Beurteilung gern grafisch dargestellt .

Aussagen über Qualität und Inhalt der einzelnen Beiträge liefert dieses Verfahren allerdings nicht. Auch bleibt unberücksichtigt, aus welchen Gründen bestimmte Teilnehmer häufiger angesprochen werden als andere. Etwa wegen zu ausgefallener Ansichten? Die Häufigkeit in der Anrede ist nicht immer gleichbedeutend mit den Fähigkeiten dieser Mitglieder im Hinblick auf das Gruppenziel und die Gruppenarbeit.

Die Themen

Die Diskussionsthemen lassen sich in Aufgaben aus dem Privatbereich und in berufsbezogene Themen aufgliedern (Abb. 5, 6 und 7). Vielfach werden die Aufgaben so formuliert, daß sich Kontroversen schwerlich vermeiden lassen. Oft erhält die Gruppe ein vorgegebenes Thema. Das macht die Diskussion für die Beobachter vergleichbarer mit den Resultaten anderer AC-Gruppen. Allerdings kann es auch vorkommen, daß die Teilnehmer selber ein Thema formulieren und anschließend diskutieren müssen. AC-Veranstalter erhoffen sich bei dieser Verfahrensweise ein größeres Engagement der Diskussionsteilnehmer.

Eine beliebte Variante ist auch, daß den Teilnehmern Karten mit verschiedenen Themen vorgelegt werden. Die Gruppe muß sich dann zunächst einmal einigen, welches Thema sie diskutieren will (vgl. Abb 8). So ein Entscheidungsprozeß kann mitunter recht lange dauern und entsprechenden Streß erzeugen, wenn die Gruppe nicht in der Lage ist, sich zu einigen. Assessoren beobachten bereits in diesem Stadium aufmerksam, wer sich wie verhält. Ob sich etwa ein von den anderen akzeptierter Leiter in der Gruppe herausbildet, wer in die Diskussion wichtige Impulse einbringt, oder wer eher als profilloser Mitläufer einzustufen ist.

Verhaltensbilder - Was wird bewertet?

Die Teilnehmer werden von den Beobachtern nach einem meist schriftlich vorgegebenen Bewertungsbogen beurteilt. Um zu einem vergleichbaren Urteil zu kommen, erhalten die Assessoren möglichst konkrete Verhaltensmerkmale vorgegeben. Erstaunlicherweise finden vielfach die sachlichen Inhalte der Diskussionsbeiträge weniger Beachtung. Bewertet wird stattdessen, wie Sie Ihre Argumente vorbringen und wie und auf welche Weise Sie sich mit Ihren Beiträgen durchsetzen. Wo die Schwerpunkte der Beurteilung liegen, hängt natürlich auch bei diesem Test sehr von den Anforderungen der zu besetzenden Position ab.

Abb.: 4

Sozialstrukturen einer Gruppe

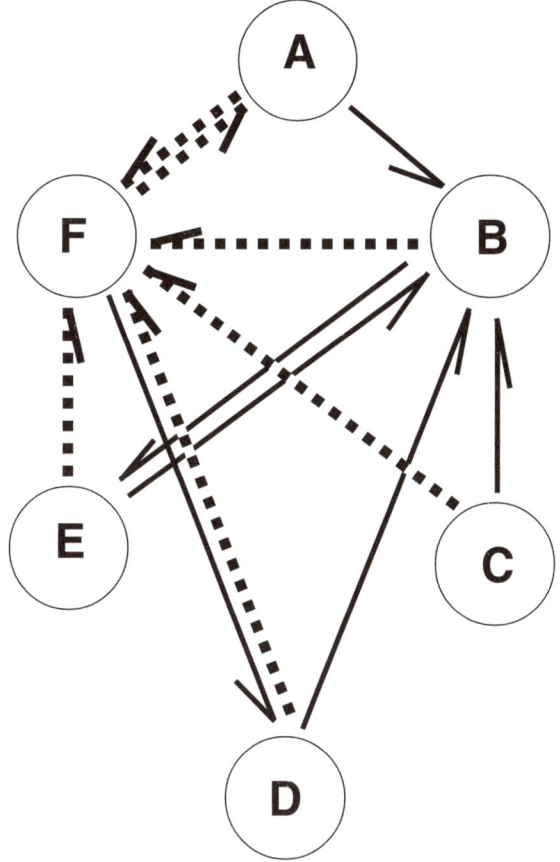

—————— =   "Wer hat Ihrer Meinung nach am fairsten diskutiert?"

∎ ∎ ∎ ∎ =   "Wer hat Ihrer Meinung nach am wenigsten fair
diskutiert?"

Bestimmte Beobachtungsmerkmale tauchen allerdings in den Anweisungen der Assessoren immer wieder auf - wenn auch mit unterschiedlichem Gewicht. So sammelt Minuspunkte, wer

- nur darauf aus ist, seine eigenen Standpunkte durchzusetzen
- mit Aggressionen reagiert, wenn die Diskussion nicht so verläuft, wie er es sich wünscht
- nicht zuhören kann und andere nicht ausreden läßt
- versucht, sich um jeden Preis durchzusetzen
- die Meinungen anderer nicht gelten läßt
- versucht, sich auf Kosten anderer oder mit unfairen Mitteln aufzuwerten oder durchzusetzen
- sich provozieren läßt und aggressiv reagiert
- abschweift und vom eigentlichen Thema ablenkt
- sich nicht klar und verständlich ausdrücken kann, so daß häufig Rückfragen nötig sind, bzw. Mißverständnisse entstehen
- sich nicht in die Gruppe integriert
- deutlich macht, daß er die ganze Sache nicht ernst nimmt
- geringe Toleranz zeigt gegenüber Meinungen die den eigenen entgegenstehen

Dagegen wird von den Assessoren positiv registriert, wer

- konkrete Lösungsvorschläge einbringt
- das Diskussionsziel im Auge behält und die Gruppe immer wieder darauf zurückführt
- die Neigung und Bereitschaft zeigt, auf den Ideen und Gedanken anderer aufzubauen und sie weiterzuentwickeln
- keine Aggressionen einsetzt oder erzeugt
- in der Lage ist, auf andere Gruppenmitglieder einzugehen, ohne gleich seine eigenen Standpunkte aufzugeben

- in der Lage ist, seine Ansichten auch mit anderen Worten und auf verschiedenen Sprachebenen auszudrücken
- auch die Motive und Beweggründe anderer Teilnehmer berücksichtigt und anerkennt.

Diese Eigenschaften lassen sich üben. Wer schon Erfahrungen aus vorherigen Gruppendiskussionen oder Rhetorikseminaren mitbringt, hat daher zweifellos Vorteile. Im Assessment Center läßt sich auch immer wieder beobachten, daß Bewerber, die vorrangig schnelle und überschaubare Lösungen anstreben, besser zum Zuge kommen. Wer dagegen aufgrund seiner bisherigen beruflichen Aufgaben gewohnt ist, besonders gewissenhaft und gründlich an ein Problem heranzugehen, wird allein schon durch den Zeitdruck benachteiligt.

Verhalten statt Sachlösungen

Überzeugungsvermögen ist zweifellos eine wichtige Eigenschaft für Führungskräfte, die Fähigkeit zu sachlich kompetenten Lösungen aber auch. Normalerweise treten im Berufsalltag die Probleme nicht im 20-Minuten-Takt auf. Auch gewinnt die Fähigkeit zu vernetztem Denken zunehmend an Gewicht, um auf diese Weise komplexe Sachverhalte besser zu durchschauen und bewältigen zu können. Gerade Führungskräfte müssen die Auswirkungen ihrer Entscheidungen und der daraus resultierenden Handlungszusammenhänge überblicken können.

Schon aus Zeitgründen können diese Zusammenhänge im Assessment Center - insbesondere bei der Gruppendiskussion - leicht zu kurz kommen. Häufig erfährt der sachliche Inhalt der Diskussionsbeiträge sogar überhaupt keine Wertung. Stattdessen berichten Teilnehmer immer wieder, daß einzelne Übungen den Eindruck erweckten, aus Bewerbern lediglich Verhalten herauszulocken. Clevere AC-Teilnehmer bemerken sehr schnell, daß es bei Gruppendiskussionen oft primär auf Gesprächsverhalten und weniger auf gehaltvolle Sachlösungen ankommt.

Auch wenn sie völlig davon überzeugt sind, daß nur ihre Meinung richtig ist, zeigen sie sich kompromißbereit. Schließlich befindet man sich ja in einer Art Laborsituation. Ob das Problem gelöst wird oder nicht, bleibt letztlich ohne Belang.

Auch zeigt sich immer wieder, daß bei gleichem fachlichem Können verbal weniger begabte Bewerber schlechter abschneiden als solche, die diese Fähigkeit besitzen. Hinzu kommt, daß sich manche Beobachter von den zuweilen eindrucksvollen Auftritten und dialektischen Leistungen einiger Bewerber stark beeinflussen lassen.

Interessant in diesem Zusammenhang mag auch ein Experiment sein, welches von Psychologen an der Universität Hamburg mit Architekturstudenten durchgeführt wurde: Nach der Analyse mehrerer fachbezogener Gruppendiskussionen zeigte sich regelmäßig, daß die anschließend befragten Teilnehmer die Person als Gruppenführer anerkannten, die am meisten Redezeit für sich in Anspruch nahm. Der sachliche Inhalt der Beiträge hatte dagegen kaum einen Einfluß.

Diskussionstaktik - In fünf Schritten zum Ergebnis

Wie sollte man die Diskussion strukturieren? In welchen Schritten sollte man vorgehen? Es kann nützlich sein, wenn Sie sich vor der Gruppensitzung einzelne Phasen der Diskussion noch einmal bewußt machen. Die folgende Vorgehensweise hat sich bei führerlosen Gruppendiskussionen bewährt.

1. Schritt: Orientierung

Jeder Versuch, sich auf bestimmte Diskussionsziele zu einigen ist verfrüht und zum Scheitern verurteilt, wenn die Gruppe sich nicht vorher darüber im klaren ist, in welchem Problemumfeld sie sich bewegt. Hilfreiche Fragen zur Einführung der Runde sind daher:

> - *"Was oder wen soll die Gruppe mit ihren einzelnen Mitgliedern darstellen?" (Rollenbewußtsein)*

Abb.: 5

Führerlose Gruppendiskussion:

Thema: Schulfreier Samstag

Schulen sind Ländersache und unterliegen somit unterschiedlichen Regelungen. Das hat dazu geführt, daß auch die Schulzeit nicht einheitlich geregelt ist. Während in einigen Bundesländern schon seit einiger Zeit der schulfreie Samstag eingeführt wurde, findet woanders der Unterricht an 6 Tagen in der Woche statt.

Ob am Samstag Unterricht stattfinden soll oder nicht, entscheiden in einigen Bundesländern nicht die Schulbehörden, sondern Lehrer, Schüler und Eltern der jeweiligen Schule gemeinsam. Das hat zur Konsequenz, daß es im selben Bundesland von Stadt zu Stadt unterschiedliche Zeiten geben kann.

Sogar innerhalb desselben Ortes kann es von Schule zu Schule uneinheitliche Regelungen geben. Während die einen am Samstag ihre Freizeit genießen können, müssen die anderen lernen und lehren. Welchen Standpunkt vertreten Sie hierzu?

Zeit 20 Minuten

- "Wie stellt sich das Thema aus der Sicht der einzelnen Teilnehmer dar?"

- "Wie kann man das Thema als kurze Frage formulieren?"

- "Wo gibt es Gemeinsamkeiten?"

Für den weiteren Diskussionsverlauf entscheidend ist auch die Frage, welcher Art das Thema oder Problem ist. Handelt es sich um Zusammenhänge und Behauptungen, die sich nach objektiven Kriterien nachprüfen lassen oder um subjektive Wertvorstellungen? Ist letzteres der Fall, sollte die Gruppe sich bewußt machen, daß es hierzu keine "richtigen" oder "falschen" Meinungen - im objektiven Sinne - gibt. Hier geht es um Empfindungen und Gefühle.

Eine Diskussion auf dieser Ebene wird eher ein Meinungsaustausch sein. In der Regel werden einzelne Diskussionspartner versuchen, ihre Argumente durch eigene Beobachtungen und Erfahrungen zu untermauern und plausibler erscheinen zu lassen. Rhetorikfachleute sprechen in diesem Fall von sogenannten Hilfskriterien. Erkennt der Gegenüber diese an, ist die Meinungsverschiedenheit aufgehoben. Erkennt er sie nicht an, verlagert sich der Disput auf die Hilfskriterien. Der Keim zum Abschweifen ist gelegt.

Eine bei Themen dieser Art weniger problematische Vorgehensweise ist es dagegen, wenn die Diskussionsrunde anstrebt, möglichst viele gemeinsame Standpunkte herauszuarbeiten. Sie ist besonders erfolgreich, wenn sich diese womöglich noch zu einem abgerundeten Ganzen verbinden lassen.

2. Schritt: Zielsetzung

Erst nach dieser Vorarbeit wird es zum Erfolg führen, wenn die Gruppe ihr Ziel formuliert:

- "Wie läßt sich das Thema abgrenzen?"

- "Welche verschiedenen Diskussionsziele bieten sich an?"

- "Welches davon wollen wir angehen?"

Je mehr Mitglieder das Ziel angenommen haben, desto größer wird der Gruppenzusammenhalt sein, desto größer wird auch die Bereitschaft sein, die eigenen Interessen dem gemeinsamen Vorgehen der Gruppe unterzuordnen. Es ist daher wichtig, das Diskussionsziel so zu formulieren, daß es von möglichst vielen akzeptiert wird. Wenn möglich, sollte das Thema als Fragestellung für alle sichtbar schriftlich festgehalten werden. Ziele sollten eindeutig und kurz formuliert werden. Je mehr Teilnehmer auf die Wahl des Ziels Einfluß nehmen, desto geringer ist die Gefahr, daß sich einzelne mit der Gruppenarbeit nicht identifizieren.

Mitglieder, die das Diskussionsziel nicht angenommen haben, können sich leicht von der Gruppe distanzieren und zu einem empfindlichen Störfaktor werden. Typisch in diesem Zusammenhang sind Verhaltensweisen wie der Versuch des Abwertens einzelner Mitglieder, aggressive Äußerungen gegen die ganze Gruppe oder einzelne Mitbewerber, Bestrebungen, ständig zu dominieren.

Typisch sind aber auch Versuche, die Gruppenarbeit zu blockieren, beispielsweise durch das Ausweichen auf Randprobleme, das hartnäckige Argumentieren zu einem einzigen, oft nebensächlichen Punkt oder das generelle Ablehnen fremder Ideen ohne überhaupt darauf einzugehen. All diese Verhaltensweisen führen dazu, daß die Gruppe in ihrer Arbeit behindert wird.

3. Schritt: Lösungswege

- *" Wie können wir ein Ergebnis erreichen?"*
- *"Welche Vorgehensweisen bieten sich an?"*
- *"Welcher Weg verspricht den größten Erfolg?"*
- *"Welche Mittel sollten wir dazu einsetzen?"*

Auch hier ist es wichtig, daß möglichst viele Mitglieder aktiv an der Erarbeitung beteiligt werden. Wer während der Diskussion auch andere nach ihrer Meinung fragt und auf diese Weise auch passivere Gruppenmitglieder ermuntert, sich zu beteiligen, kann schnell eine zentrale Rolle in der Gruppe spielen.

Abb.: 6

Führerlose Gruppendiskussion:

Fall: Arbeitsdisziplin

Jens Müller wurde vor acht Wochen als Leiter einer Abteilung eingesetzt, die wichtige Schlüsselfunktionen im Arbeitsablauf des Betriebes ausübt. Die Abteilung besteht aus 8 hochqualifizierten Mitarbeitern, die mit großem Engagement bei der Arbeit sind und auch ohne viel Murren bereit sind, wenn nötig, manchmal länger zu arbeiten.

Seit einiger Zeit fällt Herrn Müller auf, daß einige seiner Mitarbeiter regelmäßig die Pausenzeiten großzügig überschreiten. Als er sie daraufhin anspricht, erklären ihm diese, daß sein Verhalten nicht angemessen sei. Ihre Arbeit hätten sie bisher immer termingerecht und überdurchschnittlich gut erledigt und das trotz der häufigen Situationen, in denen sie unter starkem Druck ständen und überdurchschnittliches leisten müßten. Die Firma erlitte also wegen dieser paar Minuten keine Nachteile. Zum Feierabend würden sie ja schließlich auch nicht kleinlich auf jede Minute achten, die über die reguläre Arbeitszeit hinausgehe.

Wie kann Jens Müller ein Arbeitsverhalten erreichen, daß von seinen Mitarbeitern akzeptiert wird, andererseits aber auch nicht in Konflikt mit den allgemeinen Arbeitsregelungen im Betrieb gerät. Diskutieren Sie die Frage?

Zeit 15 Minuten

Hinweise für die Beobacher:

Erfahrungsgemäß prallen bei der Diskussion zu diesem Thema recht gegensätzliche Meinungen aufeinander:

Besteht der Abteilungsleiter auf der korrekten Einhaltung der Pausenzeiten, so besteht die Gefahr, daß Motivation und Arbeitsklima in der Abteilung empfindlich gestört werden. Daraus ergibt sich ein weiteres Problem: Auf welche Weise kann der Abteilungsleiter die Arbeitsmoral und Motivation trotzdem erhalten?

Billigt der Abteilungsleiter die Sondervergünstigungen, so gerät er in Konflikt mit den betrieblichen Bestimmungen. Wer also diese Meinung vertritt, sollte ebenfalls sagen können, auf welche Weise er verhindern will, daß Spannungen auftreten.

Die Diskussonsaufgabe behandelt somit die grundsätzliche Frage, wie kann ein Vorgesetzter bestimmte disziplinarische Regelungen durchsetzen, ohne das Klima zwischen sich und seinen Mitarbeitern zu sehr zu belasten.

Achten die einzelnen Gruppenmitglieder gegenseitig darauf, daß möglichst viele ungestört ihre Beiträge in die Diskussion einbringen können, so wird die Gruppe leichter zu einer kooperativen Zusammenarbeit und zu Ergebnissen gelangen, die alle akzeptieren.

Kooperativer wird das Klima auch, wenn die einzelnen Gruppenmitglieder nicht nur die eigenen sondern auch die Ideen und Argumente der anderen ernsthaft erörtern. Läßt sich vielleicht die Idee eines anderen Teilnehmers ausbauen, so daß daraus ein gemeinsames Ganzes wird? Ein Beobachtungspunkt, der bei Assessoren immer wieder Gewicht hat.

4. Schritt: Orientierung

Es hat sich bewährt, wenn die Gruppe von Zeit zu Zeit zusammenfaßt, was sie bisher erreicht hat. Zusammenfassungen können nicht nur motivierend wirken, sie sind auch ein geeignetes Mittel, um die Gruppe wieder zum eigentlichen Diskussionsthema zurückzuführen.

Steuert die Diskussion in eine Sackgasse, so muß mitunter die bisherige Vorgehensweise im Hinblick auf das Ziel überprüft und gegebenenfalls korrigiert werden. Auch hierzu bieten sich Zusammenfassungen an. Ohne aufdringlich zu wirken, können Sie auf diese Weise der Gruppe die Möglichkeit geben, sich neu zu orientieren. Sie bringen dadurch unter Umständen wichtige Impulse in die Diskussion. Wenn AC-Teilnehmer bei der Gruppendiskussion zu unbefriedigenden Ergebnissen kamen, so lag der Grund nicht selten in der Vernachlässigung dieses Punktes.

5. Schritt: Ergebnisprüfung - Ziel erreicht?

Nicht selten legt man im Assessment Center großen Wert darauf, daß die Gruppe am Ende der Diskussion ein greifbares gemeinsames Ergebnis vorzuweisen hat. Dieser Wunsch nach einem konkreten Resultat entspricht auch dem Bedürfnis der meisten Gruppenmitglieder:

- *"Was ist denn nun eigentlich bei der Diskussion herausgekommen?"*
- *"Haben wir unser Ziel erreicht?"*

Abb.: 7

Führerlose Gruppendiskussion:

Thema: Auto

Untersuchungen haben ergeben:

Weltweit fahren mittlerweile 520 Millionen Kraftfahrzeuge, die jedes Jahr etwa zwei Milliarden Tonnen Kohlendioxid in die Luft jagen (und 300 000 Menschen das Leben kosten). Dennoch: Die Gesellschaft erlaubt sich weiterhin den Luxus, in viel zu großen Limousinen durch die Gegend zu fahren. Der gängige PKW ist mehr als vier Meter lang und damit hoffnungslos überdimensioniert - gemessen an der Tatsache, daß im Schnitt nur 1,3 Personen drinsitzen.

Kritiker beklagen: Autos sind eine gigantische Ressourcen-Verschwendung. In Deutschland steht ein Fahrzeug durchschnittlich 18 Stunden, um eine Stunde bewegt zu werden. Privat sitzt jeder Autofahrer im Schnitt nur 40 Minuten täglich hinter dem Steuer. Bei zwei Dritteln aller Fahrten in der Stadt liegt das Durchschnittstempo unter 20 km/h.

Ist das Auto in seiner jetzigen Form als Fortbewegungsmittel noch zeitgemäß? Welche Möglichkeiten sehen Sie, um die Probleme in den Griff zu bekommen?

Zeit 20 Minuten

Besonders bei hochgesteckten Erwartungen wird die Gruppe nur in Ausnahmefällen das Ziel erreichen, das sie sich vorgegeben hat. Für unstrukturierte gruppendynamische Prozesse - also auch führerlose Gruppendiskussionen - ist das nur typisch und kein Grund zur Enttäuschung. Meistens läßt sich dennoch ein überzeugendes Ergebnis formulieren.

Diskussionsverlauf - Konflikte vorprogrammiert

In der Regel wird jeder in der Gruppe daran interessiert sein, ein Ergebnis zu erreichen, das seinen eigenen Interessen möglichst nahe kommt. Viele werden daher nicht zulassen, wenn jemand aus ihrer Mitte zum Diskussionsführer ernannt wird. Hätte dieser gegenüber den anderen doch zweifellos Vorteile.

Nicht selten müssen die Assessoren beobachten, daß solche Diskussionen nach einiger Zeit nur noch wenig mit einer Zusammenkunft zum Ziele einer gut strukturierten Entscheidungsfindung zu tun haben. Stattdessen gleichen sie mitunter eher den Kämpfen von Streithähnen, wo mehr gestritten als diskutiert wird. Oder sie bekommen den Charakter einer Cocktail-Party, wo jeder jedem nach dem Munde redet, damit er nicht aneckt. Es bleibt beim Austausch oberflächlicher Höflichkeiten. All das ist nicht gerade ein Indiz für Führungsqualitäten.

Für weniger erfolgreiche Diskussionen typisch ist auch, daß meistens keiner der Beteiligten ernsthaft versucht, sich mit der Meinung und den Anregungen der anderen auseinanderzusetzen. Nur selten baut jemand seine Ausführungen auf den Ideen der übrigen Teilnehmer auf, um auf diese Weise gemeinsame Lösungswege aufzuzeigen.

Stattdessen konzentrieren sich die Teilnehmer nur auf das Vortragen der eigenen Meinung, die sie dann mehr oder weniger mit Gewalt durchsetzen wollen. Typisch in diesem Zusammenhang ist auch der Vielredner, der ungeachtet der Qualität seiner Ausführungen versucht, das Wort zu behalten, und auf diese Weise sein Dominanzstreben zur Schau stellt.

Könnte es doch als Schwäche ausgelegt werden, wenn man sich mit der Meinung eines anderen arrangiert oder sich vielleicht sogar noch überzeugen läßt.

Dabei wurden die Themen oft bewußt so gewählt, daß mehrere Standpunkte vertretbar sind. Das hat zur Folge: Welche Lösung auch immer zur Realisation kommt, sie wird dem Wunsch einer, vielleicht auch mehrerer aber selten aller beteiligten Personen entsprechen.

Ellenbogenstrategien
- Wenn Teilnehmer aggressiv werden

Besonders in führerlosen Gruppendiskussionen besteht die Gefahr, daß einige Teilnehmer mit allen Mitteln - auch unfairen - versuchen, sich in den Vordergrund zu drängen und sich auf Kosten anderer profilieren wollen. Mitunter läßt sich beobachten, daß einige versuchen, sich als Dauerredner durchzusetzen. Oder sie versuchen mit unfairen Methoden, Kontrahenten zu verunsichern, abzuwerten, mundtot zu machen oder auf andere Weise ins Abseits zu drängen. Solche Verhaltensweisen können dazu führen, daß in der Gruppe ein aggressives Klima entsteht.

Solche Situationen sind besonders stressig. Allerdings liegt hierin auch eine Chance, Führungsqualitäten zu zeigen: Ellenbogenstrategien sind in den meisten AC wenig gefragt. Wer dagegen in angespannten Situationen in der Lage ist, die Wogen wieder zu glätten und sich gar nicht erst provozieren läßt, sammelt Pluspunkte. Zeigt er doch Eigenschaften wie kooperatives Verhalten, Integrationsvermögen und Sachlichkeit gepaart mit dem dafür oft notwendigen guten sprachlichen Ausdrucksvermögen. Führungspotential signalisieren Sie auch, wenn Sie erfolgreich dazu beitragen, daß die Gruppe zu einer gemeinsamen Lösung geführt wird. Wie kann man das erreichen? Konzentrieren Sie sich darauf, Gemeinsamkeiten zwischen einzelnen Beiträgen zu erkennen und zu betonen. Scheuen Sie sich nicht, auch die Ideen und Meinungen anderer aufzugreifen. Ihre Ziele brauchen Sie dazu ja nicht gleich zu verwerfen.

Abb.: 8

Führerlose Gruppendiskussion:

Aufgabe: Themenwahl

Nachfolgend erhalten Sie 10 verschiedene Themen, von denen Sie sich gemeinsam auf eines einigen sollen, um darüber zu diskutieren.

Zeit: 25 Minuten

"Die Welt gehört dem Tüchtigen" - Wie beurteilen Sie diesen Ausspruch?

Duzen im Büro - Wann ist es angebracht? Wann schadet es?

Rauchen am Arbeitsplatz - Was für die einen wichtig zur Entspannung ist, empfinden andere als unzumutbare Belastung. Auch stimmen neuere Forschungsergebnisse über das Rauchen nicht gerade heiter. Sollte das Rauchen am Arbeitsplatz daher generell verboten werden?

Der Verkehr in den Ballungszentren nimmt immer mehr zu.Angesichts der daraus resultierenden Probleme werden zunehmend auch Stimmen laut, die zu drastischen Maßnahmen auffordern: Wäre die Einführung des Nulltarifs für öffentliche Verkehrsmittel ein wirkungsvoller Schritt zur Verkehrsentlastung?

Freizeit gewinnt zunehmend an Bedeutung. Dabei hört man oft die Kritik, daß viele ihre Freizeit nicht gut zu nutzen wissen. Wie sollte Ihrer Meinung nach eine sinnvolle Freizeitgestaltung aussehen?

Die Ausbildungsgänge in unserer Gesellschaft werden immer länger und umfangreicher. Dennoch kritisiert man in der Wirtschaft häufig, daß

die frischgebackenen Hochschulabsolventen
aufgrund fehlender Praxiskenntnisse oft erst
noch umfangreiche von der Wirtschaft finanzier-
te Ausbildungsprogramme durchlaufen müssen,
bevor sie voll in den Arbeitsprozeß inte-
grierbar sind. Diskutieren Sie vor diesem
Hintergrund die Frage: Inwieweit bereitet das
Studium auf das Berufsleben vor?

In Japan hat man mehr als 20 verschiedene
Formen der Ansprache, in Italien drei und die
Engländer kennen nur eine. Würde es nicht zu
einer Verbesserung unserer zwischenmenschlichen
Beziehungen beitragen, wenn wir auch in
Deutschland das "Sie" abschafften?

Täglich werden wir von einer großen Menge an
Post überschwemmt. Unsere Briefkästen quellen
über: Zeitungen, Werbung, Rechnungen. Briefe
sind selten dabei. Ist das Briefeschreiben im
Zeitalter elektronischer Medien überholt?

In Krisenherden wird von den Beteiligten oft
und gern vom "gerechten Krieg" gesprochen.Gibt
es einen gerechten Krieg? Wenn ja, unter welchen Voraussetzungen kann Krieg überhaupt als
Gerecht bezeichnet werden?

Der Begriff "Heimat" ist in letzter Zeit bei
vielen wieder Gesprächsstoff und Gegenstand des
Nachdenkens geworden, für andere ist der Ausdruck durch sogenannte Heimatfilme mit Kitsch
und Pathos belastet. Ist "Heimat" ein Wert, der
noch gilt?

Unterschwellige Prestigekämpfe

Die Erarbeitung von Lösungen, die für alle tragbar sind, entspricht auch eher der Erwartungshaltung der Beobachter. Wer der Gruppe in diese Richtung zielende Impulse gibt, unterstreicht sein Integrationsvermögen. Wählen Sie diese Strategie, haben Sie auch leichter die Möglichkeit, innerhalb der Diskussionsteilnehmer Verbündetete zu finden. Grundlage für solche Lösungswege ist kooperatives Verhalten, wie es auch bei modernen Führungsstilen mehr und mehr gefragt ist.

Aggressives oder unsicheres Verhalten verzögert dagegen den Prozeß der Entscheidungsfindung. Es vergrößert den Konflikt durch Steigerung der Meinungsverschiedenheiten und Unterdrückung möglicher Einigung. Einmal vertretene Positionen verhärten sich. Die Ideen und Meinungen der anderen werden verworfen, ohne daß man sich näher mit ihnen auseinandergesetzt hat. Es kommt zu unterschwelligen Prestigekämpfen, Meinungen zu ändern gilt als Schwäche.

Was tun, wenn man mir ständig ins Wort fällt

Sie müssen damit rechnen, daß aggressivere Gruppenmitglieder oder Teilnehmer mit ausgeprägtem Dominanzstreben versuchen werden, Sie nicht ausreden zu lassen. Oft ist den Unterbrechenden dieses Verhalten nicht einmal bewußt. Lassen Sie regelmäßig zu, daß man Ihre Rede vorzeitig unterbricht, kann leicht der Verdacht fehlenden Durchsetzungsvermögens aufkommen.

Es kann vor allem gegenüber aggressiven Typen Mut erfordern, sich gegen Unterbrechungen zu wehren. Schnell entsteht ein gereiztes Klima. Wer sich jedoch ohne ernsthaften Widerstand das Wort nehmen läßt, wird in der Gruppe meistens nicht sehr ernst genommen. Es kann daher nützlich sein, wenn Sie sich auf solche Zwischenfälle vorbereiten und sich ein paar Formulierungen zurechtlegen:

> - *"Einen Augenblick, ich bin noch nicht fertig"*

> - *"Moment, ich möchte meinen Gedanken zu Ende bringen"*

Wird man weiterhin unterbrochen, kann es angebracht sein, deutlicher zu werden:

- *"Sie haben mich bereits mehrmals nicht ausreden lassen"*

Manchmal hilft es auch, wenn man einfach weiterredet. Oft hört der Unterbrechende dann nach einigen Sätzen auf. So ein Verhalten kann allerdings leicht auf eine persönliche Machtprobe hinauslaufen. Dann geht es nicht mehr darum, was gesagt wird, sondern darum, wer am längsten im Reden durchhält. Bei solchen Rededuellen werden die Assessoren den Kontrahenten wohl kaum noch Sachlichkeit bescheinigen.

Konträre Standpunkte - Verhärtete Fronten?

Wer sich in der Gruppendiskussion gegenüber den anderen zu aggressiv verhält, vergißt das Ziel: Gemessen werden soll bei dieser Übung Ihre Fähigkeit zur Gruppenarbeit, Ihr Teamgeist und nicht Ihre Fähigkeit, andere zu unterdrücken oder in die Enge zu treiben. Eine Gruppe, die sich so verhält, wird selten zu guten Ergebnissen und Lösungen finden.

Unsicherheit und Konfliktscheu führen allerdings ebensowenig zum Erfolg. Wer Meinungsverschiedenheiten möglichst aus dem Wege geht und sein Fähnchen nach dem Winde hängt, wird schnell als profilloser Mitläufer eingestuft. Wie soll man andere überzeugen, wenn man nicht einmal selbst von seinen Argumenten überzeugt ist?

Seinen Standpunkt gegenüber den anderen Teilnehmern klar und deutlich zu formulieren ist vielmehr wichtige Vorraussetzung für das nachfolgende Herausarbeiten von Lösungswegen. Prallen die Meinungen aufeinander, ist Diplomatie gefragt. Statt eines unversöhnlichen "ich bin dagegen" lassen sich konträre Standpunkte beispielsweise auch als Frage formulieren:

- *"Erreichen wir damit wirklich die angestrebte ..."*

- *"Wenn wir uns so entscheiden, wie wollen wir dann die ... berücksichtigen?"*

Mit solchen Fragen schonen Sie das Selbstwertgefühl Ihrer Gesprächspartner. Die Meinungsverschiedenheit wird zwar deutlich, jedoch besteht eine geringere Gefahr, daß die Fronten sich verhärten. Lösungswege bleiben offen. Das Diskussionsklima bleibt konstruktiv.

Signale mit den Augen

Halten Sie Blickkontakt zu Ihren Diskussionspartnern! Wer nicht angesehen wird, fühlt sich auch nicht angesprochen. In einer Gesprächsrunde dominiert nicht nur, wer viel redet. Wie oft sich jemand an die ganze Gruppe wendet, ist genauso wichtig. Es ist immer wieder eindrucksvoll zu beobachten, wie geschulte Leute durch bloßen Blickkontakt die Aufmerksamkeit auf sich ziehen und sogar die Führungsrolle in der Gruppe erhalten. Wie man mit dem simplen Mittel, daß man während seiner Beiträge die Gruppenmitglieder nacheinander direkt anschaut, die Aufmerksamkeit aller auf sich zieht und so seinen Argumenten mehr Nachdruck verleiht. Es ist eben nicht nur wichtig, was man sagt, sondern auch, wie man es vorbringt. Wer dagegen während seiner Beiträge alles andere anschaut, nur nicht die Gesichter seiner Gesprächspartner, wirkt nicht gerade überzeugend.

Wirksamen Blickkontakt muß man üben. Fangen Sie gleich beim nächsten Gespräch damit an. Im täglichen Leben werden sich genug Gelegenheiten ergeben. Häufiger Fehler: Man fixiert sich nur auf die Blicke eines Gruppenmitglieds. Leicht fühlen sich so die anderen ausgeschlossen oder nicht angesprochen. Sitzt die Gruppe in einer Runde, so achten Sie darauf, daß die unmittelbar neben Ihnen sitzenden Teilnehmer sich ebenfalls angesprochen fühlen. Da diese nicht immer im eigenen Blickkreis sitzen, werden sie leicht vergessen. Wer beim Vortragen seiner wichtigsten Argumente die Blicke gesenkt hält, wird wohl kaum Überzeugungskraft ausstrahlen. Mit bewußt eingesetztem Blickkontakt haben Sie auch ein wirksames Mittel gegen ein anderes Problem: Oft können Sie Vielredner zum Schweigen bringen, wenn Sie ihnen den Blickkontakt einfach entziehen. Abneigung oder geringe Zustimmung werden dem Gegenüber nämlich oft durch eine Verminderung des Blickkontaktes signalisiert. Wer in seiner Selbstherrlichkeit gegenüber solchen Signalen nicht schon gänzlich unsensibel geworden ist, wird seinen Redeschwall bald stoppen, wenn man ihn "nicht mehr beachtet". Ständiges Vermeiden des Blickkontaktes kann allerdings auch leicht als arrogant, unsicher oder unterwürfig aufgenommen werden.

Fehler in der Argumentation

Ein für Sie einsichtiges Argument braucht die anderen noch lange nicht zu überzeugen. Diese Einsicht wird gern mißachtet. So besteht denn auch ein oft zu beobachtender Argumentationsfehler darin, daß das Problem zu wenig aus der Sicht des Gesprächspartners gesehen wird. Sie können von der Grundregel ausgehen: je emotionaler Ihr Gegenüber sich verhält, desto schwerer werden Sie ihn mit logischen und rationalen Argumenten überzeugen können. Auf der emotionalen Ebene werden Sie dagegen eher weiter kommen, wenn Sie mehr die Bedürfnisse und Wunschvorstellungen ansprechen.

Es zeigt sich immer wieder: um erfolgreich zu überzeugen, müssen Sie sich zunächst einmal bemühen, die Dinge mit den Augen der Anderen sehen. Sie entscheiden über die Wertung Ihrer Argumente. Ob ein Argument überzeugt, wird letztlich aus der Sichtweise der andern heraus entschieden. Besonders bei unbequemen Vorschlägen ist es daher oft nötig, seine Argumente unterschiedlich formuliert und auf verschiedenen Sprachebenen vorzubringen - übrigens auch eine Fähigkeit, die in vielen Assessment Center registriert und bewertet wird.

Überzeugen fängt mit zuhören an

Über den Verlauf der Diskussion entscheiden Verhalten und Gesprächstechnik gleichermaßen. Zwar lernen wir systematisch, wie man schreibt, liest und rechnet, die Fähigkeit zum Gespräch jedoch sehen viele als Selbstverständlichkeit an.

Mitunter ist es schon entmutigend, wenn Kandidaten scheitern, nur weil sie elementare Gesprächshilfen nie gelernt haben oder unbeachtet ließen. Es geht eben nicht nur darum, was man sagt, sondern auch darum, wie man es sagt. Letztlich kommt es auf das gesprochene Wort an, um zum Ziel zu gelangen. Es lohnt also, sich einige Grundregeln bewußt zu machen und sich damit auseinanderzusetzen.

Es zeigt sich immer wieder: erfolgreiche Gesprächspartner sind auch gute Zuhörer. Wer zuhört, denkt ungefähr vier mal so schnell wie der Sprechende. Diesen Vorteil durch voreiliges Unterbrechen und Unkonzentriertheit zu vergeuden, wäre nicht klug. Im Gespräch können Sie nur durch Zuhören Informationen gewinnen. Analysen von Diskussionen haben gezeigt: Die meisten Teilnehmer sind zu sehr mit den eigenen Beiträgen beschäftigt und gehen kaum auf die Argumente der Mitbewerber ein. Ausgesprochene Dauerredner meinen sich vielfach dadurch profilieren zu können, daß sie die übrigen Teilnehmer am liebsten gar nicht zu Wort kommen lassen. Oft wollen solche Kandidaten, die nur Monologe zu führen suchen, damit erreichen, daß alles nur nach Ihren Wünschen geht. In gleichberechtigten Diskussionen wird mit diesem Verhalten allerdings eher das Gegenteil erreicht.

Oft blieben diesen Vielrednern nur knapp 25% der Gesamtzeit, um auf ihre Diskussionspartner einzugehen. Die übrige Zeit waren sie mit ihren eigenen Beiträgen beschäftigt. Sei es, daß sie schon nach wenigen Worten dem anderen nicht mehr zuhörten und damit beschäftigt waren, sich ihre eigenen Entgegnungen zurechtzulegen, sei es, daß sie sich mit einer "wichtigen" Bemerkung einem anderen Teilnehmer zuwandten und so die Diskussion störten.

Aktives Zuhören

Wer allerdings der Vielrednerei nur passiv gegenübersaß, wurde in der Regel gleichfalls weniger gut beurteilt. Schweigen kommt ebenfalls nicht an. Es kann leicht als unpersönlich, distanziert und wenig engagiert interpretiert werden. Die für gute Führungskräfte so wichtige Fähigkeit zur Integration und zum konstruktiven Dialog bestätigen diese

Eigenschaften nicht gerade. Die besseren Beurteilungen hatten regelmäßig die aktiven Zuhörer. Wer auf einzelne Argumente aktiv einging, und durch Fragen zeigte, daß er bei der Sache war, kam meistens in die engere Wahl.

Aktives Zuhören ist anstrengend. Es erfordert volle Konzentration, Geduld und ein gutes Gedächtnis. Üben Sie es regelmäßig im täglichen Gespräch. Beantworten Sie wirklich nur das, was Sie gefragt werden und konzentrieren Sie sich auf das Zuhören. Sie werden sehen, Sie kommen trotzdem noch genug zu Wort. Um ein guter Zuhörer zu werden, sollten Sie folgende Regeln beachten:

- Konzentration auf den sachlichen Inhalt

- Sparsamkeit mit voreiligen Stellungnahmen und Kommentaren

Hierzu gibt es eine wirkungsvolle Übung: Das sogenannte Dominikanerspiel (Abb. 9). Versuchen Sie es mal! Sie werden staunen, wieviel Konzentration Ihnen schon nach wenigen Wortwechseln abgefordert wird.

Wie Sie das Gespräch lenken können

Durch Fragen! Fragen sind das wichtigste Mittel zum Steuern von Gesprächen. Fragen heißt führen. Wer es versteht, richtig Fragen zu stellen, hat die Diskussion in der Hand. Er wird ihr die entscheidenden Wendungen geben. Wer geschickt zu fragen versteht, wird im Kreise der Diskutierenden größere Anerkennung erhalten, als andere, die sich zum Fragen für zu überlegen halten.

Wer nur Behauptungen vorträgt, läuft Gefahr, daß aus der Diskussion ein Monolog wird und die Angesprochenen sich verschließen - selbst bei guten Gründen und Beweisen. Erst Fragen lassen aus dem Gespräch einen gemeinsamen Dialog werden. Sie sind schon deshalb psychologisch geschickter als jede andere Form der Argumentation, weil die Befragten sich als Partner fühlen. Fragen sind daher auch ein geeignetes Instrument, um Konfliktsituationen zu entschärfen.

Wenn Sie aktiv zuhören, werden Sie immer wieder neue Ansätze zum Fragen finden. Dabei wird Ihnen zugute kommen daß viele Gesprächspartner am liebsten sich selbst reden hören. Schon aus mangelndem Konzentrationsvermögen sind nur wenige in der Lage, anderen über einen längeren Zeitraum zuzuhören. Wer das aktive Zuhören beherrscht, hat entscheidende Vorteile.

Stellen Sie kurze Fragen, die den Kern des Themas treffen. Solche Fragen machen nicht nur einen besseren Eindruck bei den Beobachtern, sie führen auch schneller zu konkreten Ergebnissen. Einer kurzen Frage, die Aufmerksamkeit weckt, in einem zweiten Satz eine Erklärung nachfolgen zu lassen, ist vielfach wirkungsvoller, als alle Aussagen und Erklärungen bereits in den Fragesatz selbst hineinzulegen.

Die richtige Fragetechnik entscheidet

Grundsätzlich lassen sich zwei Fragetypen unterscheiden:

- offene Fragen
- geschlossene Fragen

Worin liegt der Unterschied? Offene Fragen erkennt man daran, daß sie meistens mit einem "W" beginnen: Was, wie, welche, warum, weshalb sind geeignete Worte zum Einleiten solcher Fragen.

Offene Fragen wirken kontakt- und gesprächsfördernd. Durch sie können Sie Diskussionen in Schwung bringen und beleben. Der Gefragte ist gezwungen, mit mehr als nur "ja" oder "nein" zu antworten. Wollen Sie sich schnell und gut informieren, dann nutzen Sie bevorzugt diese Fragetechnik. Auch bei Gesprächspartnern, die eher zurückhaltend sind, hilft sie. Beispielsweise sind Personalleute daher angehalten, Bewerbern zur Gesprächseinleitung vorwiegend offene Fragen zu stellen. Stellt man allerdings zuviele offene Fragen hintereinander, muß man aufpassen, daß das Gespräch nicht abschweift.

Abb.: 9

Diskussionsübung: "Das Dominikanerspiel"

Daß Verstehen und Verstandenwerden keineswegs so selbstverständlich sind, wie oft angenommen, zeigt diese Übung. Sie dient dazu, die Sensibilität der Beteiligten gegenüber den Möglichkeiten des Mißverstehens und Mißverstandenwerdens zu fördern. Gleichzeitig ist die Übung ein gutes Training zur Steigerung des Konzentrationsvermögens und der Fähigkeit zum Zuhören.

Sie brauchen zwei Diskussionspartner und einen Beobachter als Schiedsrichter.

Vereinbaren Sie ein beliebiges Thema, über das Sie reden wollen. Führen Sie mit Ihrem Gesprächspartner über dieses Thema eine Diskussion mit den folgenden Spielregeln:

Ihr Gesprächspartner eröffnet das Gespräch und trägt mit wenigen Sätzen seinen Standpunkt vor. Bevor Sie Ihr Gegenargument vortragen dürfen, müssen sie den Beitrag Ihres Gesprächspartners mit Ihren Worten so wiedergeben, wie Sie ihn sinngemäß verstanden haben. Daraufhin muß Ihr Gegenüber mit "stimmt" oder "stimmt nicht" bestätigen bzw. verneinen, daß Sie seine Argumente inhaltlich richtig wiedergegeben haben.

Stimmt Ihr Gesprächspartner zu, drehen sich die Rollen um und Sie dürfen Ihren Standpunkt vortragen. Jetzt muß der andere Ihren Beitrag sinngemäß richtig wiederholen, bevor er seine eigenen Argumente bringen darf usw.

Stimmt er nicht zu, müssen Sie noch einmal versuchen, die Ausführungen Ihres Gesprächspartners wiederzugeben. Bestätigt er die Richtigkeit auch jetzt noch nicht, muß er seine Ausführungen wiederholen, bevor Sie ihn nochmals wiedergeben usw.

Der Beobachter schaltet sich nur ein, wenn die Regeln nicht eingehalten wurden. Nach 10 Minuten werden die Rollen gewechselt, so daß jeder Teilnehmer auch einmal Beobachter war.

Geschlossene Fragen haben andere Qualitäten. Diese Fragen sind eher geeignet, klare Standpunkte zu erhalten, aber auch, um andere zu zwingen, eine Entscheidung zu treffen. Zuviele geschlossene Fragen hintereinander wirken wenig gesprächsfördernd. Der Gefragte kann sich in die Enge gedrängt fühlen. Im Verhör wird das deutlich. Auf die geschlossene Frage: "Können Sie eine Lösung vorschlagen?", braucht der Gefragte nur mit "ja" oder "nein" zu antworten. Die Antwort liefert nur wenig Informationen. Stellt man dagegen die offene Frage: "Welche Lösung schlagen Sie vor?", wird der Gefragte gewöhnlich ausführlicher antworten. In einer gut geführten Diskussion werden daher zu Beginn überwiegend offene Fragen gestellt, geschlossene Fragen aber erst zum Schluß oder bei Entscheidungen. Zum Abschluß, wenn man wissen will, woran man ist, werden die Fragen schließlich so formuliert, daß es kaum noch Ausweichmöglichkeiten gibt:

- *"Sagt Ihnen die Lösung zu?"*
- *"Wollen wir so vorgehen?"*

Formulierungen dieser Art sind geeignet, um Entscheidungen herbeizuführen.

Suggestivfragen - Konflikt vorprogrammiert

Suggestivfragen liefern die gewünschte Antwort gleich mit. Sie geben nur wenig brauchbare Informationen. Dennoch hört man sie oft:

- *"Waren Sie deshalb so lange mit dem Problem beschäftigt, weil es so viele unvorhergesehene Zusatzarbeiten nach sich zog?"*
- *"Haben Sie die Arbeit wegen des Kapazitätsmangels in Ihrer Abteilung abgelehnt?"*

- *"Sicher verzichten Sie aus Personalmangel auf den Auftrag"*,

- *"Fallen bei Ihnen wegen der angespannten Auftragslage soviel Überstunden an?"*.

Bei Suggestivfragen ist die Richtung der Antwort vorbestimmt. Der Befragte braucht sie nur noch zu bestätigen. Er muß annehmen, daß diese Antwort erwartet wird.

Suggestivfragen sind auch noch in anderer Weise gefährlich:

- *"Sind Sie nicht auch der Meinung daß ..."*
- *"Finden Sie nicht auch, daß dies keine befriedigende Lösung ist?"*
- *"Das war doch nicht schlecht, nicht wahr?"*

Solche Fragen reizen zum Widerspruch, fordern ihn direkt heraus. Besonders von sich stark eingenommene oder aggressive Leute widersprechen solchen Fragen grundsätzlich. Einige warten geradezu darauf. Der Konflikt ist vorprogrammiert.

Suggestivfragen sind das sicherste Mittel, Informative Aussagen zu manipulieren und damit wertlos zu machen. Man sollte sie deshalb sehr vorsichtig gebrauchen, möglichst gar nicht.

Informationsverlust durch falsche Fragetechnik

Haben Sie einmal beobachtet, wie erfahrene Politiker auf Fragen von Journalisten antworten, die mehrere Themen gleichzeitig anschneiden? Die Befragten picken sich den für sie am günstigsten Punkt aus dem Strauß möglicher Antworten heraus und beantworten ihn in voller Breite. Vielfach trifft die Antwort nicht einmal den Kern der Sache. Für den Fragesteller wäre oft gerade die Beantwortung eines anderen Teils der Frage aufschlußreicher gewesen. Der Rest bleibt unbeantwortet und geht unter. Es wurde viel geredet und nichts gesagt. Eine geschickte Methode, um sich bei peinlichen Fragen aus der Affäre zu ziehen. Wegen der weitschweifigen Ausführungen fällt sie oft nicht einmal auf. Dieser Fehler läßt sich auch bei Diskussionen beobachten. Voller Eifer überschüttete ein Diskussionsteilnehmer seine Mitbewerber gleich mit einem ganzen Bündel an Fragen:

"Wir haben jetzt verschiedene Lösungsmöglichkeiten angesprochen. Was halten Sie davon? Welche Lösung gefällt Ihnen am besten? Wo sehen Sie noch Schwachstellen? Welche weiteren Schritte ergeben sich daraus?"

Wer so viele Fragen gleichzeitig vorlegt, muß sich nicht wundern, wenn die Befragten einiges überhören. Selbst beim besten Willen wäre es nur schwerlich möglich, in einer Antwort auf alle Aspekte ausführlich einzugehen. Es bleibt die Beantwortung nur eines oder einiger weniger Aspekte, genau wie oben beschrieben. Die Frage wurde also vom Fragesteller ungeschickt gestellt, denn sicher würde er auch die anderen Punkte gern beantwortet haben. Ein weiteres Nachfragen aber verbietet oft die Situation. Aus Unsicherheit oder in der Sorge, vorzeitig unterbrochen zu werden, packen Diskussionsteilnehmer oft zuviel Teilaspekte in einen Satz oder stellen gleich mehrere Fragen hintereinander, ohne die Antwort abzuwarten. Vermeiden Sie solche Fragenbündel. Stellen Sie lieber drei kurze Fragen als eine lange mit drei Themen. Neben dem Vorteil ausführlicherer Informationen haben Sie so auch bessere Möglichkeiten, den anderen durch Folgefragen leichter zum Thema zurückzuführen, wenn er abschweift. Ähnliches gilt übrigens auch bei der Anführung von Argumenten.

Streitgespräche - Aggressionen in den Griff bekommen

Streitgespräche während der Diskussion bedeuten zusätzlichen Streß. Dennoch läßt sich immer wieder beobachten, daß einzelne Teilnehmer ihre Rolle falsch verstehen und sich vor den Assessoren als besonders streitbare Diskussionspartner profilieren wollen. Dabei geht es bei führerlosen Gruppendiskussionen in erster Linie nicht darum, zu streiten, in welcher Form auch immer. Sollte es einmal zu einer Konfrontation kommen, so kann das auch Ungeschicklichkeit in der Gesprächsführung sein. Zweifellos wird es Gegensätze zwischen Ihnen und den übrigen Diskussionsteilnehmern geben. Das liegt schon in der Natur der Themen. Sind die Fronten abgesteckt, erscheint eine Einigung oft unmöglich. Häufige Reaktion: Jeder versucht, die Kluft zu verringern, indem er den anderen herüberzieht. In der Diskussion heißt das, dem anderen wird klargemacht, daß er falsche Standpunkte vertritt, daß er im Unrecht ist, und nur mangelnde Einsicht, Wissenslücken oder pure Starrköpfigkeit hielten ihn davon ab, seinen Irrtum zuzugeben. Hat dieses Tauziehen erst einmal begonnen, wird die Diskussion problematisch. Entweder gibt eine Seite aus Unlust auf oder der Stärkere gewinnt oder das Tau reißt. Einseitiges Nachgeben scheidet aus, weil die Gegenseite dies eventuell als Sieg verbuchen könnte.

Dabei ließe sich dieser Weg in die Sackgasse vermeiden, wenn beide Seiten sich darauf konzentrierten, Gemeinsamkeiten zu finden. Schließlich werden nicht gerade Streitereien die geeignete Referenz für kooperatives Führungsverhalten bilden.

Viele Konflikte entstehen einfach deshalb, weil die Beteiligten zu wenig über den Streitpunkt wissen. Allerdings werden in dieser Situation nur wenige dafür "dankbar" sein, wenn man sie belehrt. Oft spielt das Prestige eine Rolle.

Auch wenn es manchmal schwerfällt: Mit Kritik oder gar Bewertungen der Ausführungen des Gegenüber sollten Sie besonders zurückhaltend sein, solange Sie die Situation nicht genau einschätzen können. Natürlich bedeutet das nicht, daß Sie Ihre eigene Meinung in jedem Fall unter den Scheffel stellen sollen. Alles zu seiner Zeit. Man braucht seine Meinung anderen ja nicht immer sofort und bei jeder Gelegenheit auf die Nase zu binden. Werden Sie dennoch in ein Streitgespräch verwickelt, gilt es, zwei Haupttypen zu unterscheiden:

1. Bezieht sich die Differenz auf objektiv nachprüfbare Fakten oder Tatsachen,

2. oder bezieht sich die Meinungsverschiedenheit mehr auf unterschiedliche subjektive Empfindungen und Gefühle?

Im ersten Fall dürfte es nicht schwer sein, den genauen Sachverhalt herauszufinden, und zu prüfen, welche Behauptung falsch war: "Die Firma hat sich gegenüber dem Wettbewerb behauptet" - "Die Firma hat gegenüber dem Wettbewerb Marktanteile verloren". "Der Bericht ist lückenhaft" - "Der Bericht ist vollständig". "Die Termine wurden immer eingehalten" - "Die Termintreue läßt zu wünschen übrig".

Sich auf eine Diskussion darüber zu versteifen, wer recht hat, wäre kaum fruchtbar und daher ungeschickt. Gewöhnlich kommen Streitfälle dieser Art vor, wenn beide Seiten nicht ausreichend informiert sind. Informationen aber lassen sich beschaffen. Die Frage gemeinsam formulieren und nachprüfen ist der elegantere Weg.

Im zweiten Fall geht es um unterschiedliche Wertvorstellungen. Sie können grundsätzlich weder falsch noch richtig sein: "Ich finde das Thema interessant", sagt der eine, "ich finde es langweilig", sagt der andere. "Früher war alles besser" - "Heute ist alles besser". "Ich arbeite gern in Großraumbüros" - "Ich kann Großraumbüros nicht ausstehen". In der Diskussion über Ansichten zu streiten führt zu nichts. Den anderen hier von der eigenen Meinung überzeugen zu wollen, wäre genauso sinnlos, wie von ihm zu verlangen, er solle Zahnschmerzen bekommen, weil wir welche haben. In solchen Fällen helfen Fragen, um den anderen besser zu verstehen:

- *"Wie kommen Sie zu dieser Ansicht?"*,
- *"Was würden Sie denn als 'gut' bezeichnen?"*

Fragen dieser Art führen bei Bewertungen und Ansichten oft weiter als ein pauschales "ich bin dagegen". Kennt man die Hintergründe genauer, fällt das Urteil meistens auch differenzierter und sachlicher aus. Nur selten wird dann noch eine Sache in Bausch und Bogen verdammt. Es führt wesentlich weiter, wenn man versucht, durch Fragen herauszufinden, worauf sich die nach eigener Meinung falschen Ansichten und Behauptungen des Gegenüber begründen: "Welche Erfahrungen haben Sie gemacht, um zu dieser Einschätzung zu kommen?" "Dazu würde ich gern genaueres wissen" "Wie kommen Sie zu dieser Einschätzung?"

4

Präsentationen
- Der große Auftritt

Ausstrahlung und Überzeugungskraft

Stellen Sie sich vor, Sie sind Unternehmensberater und haben den Auftrag erhalten, ein bestimmtes betriebliches Problem zu analysieren und der Geschäftsleitung (den Beobachtern) in einem Kurzvortrag überzeugende Lösungsvorschläge zu präsentieren. Von der Qualität Ihrer Ausarbeitungen, von Ihrer Überzeugungskraft und persönlichen Ausstrahlung wird es abhängen, wie Ihre Vorschläge ankommen. Sie können sicher sein, man wird Ihre Ausführungen sehr kritisch prüfen.

Mit Präsentationen, die unter solchen Rahmenbedingungen abgehalten werden, müssen Sie rechnen. Gern konfrontiert man die Vortragenden dabei mit Aufgaben, die sich auf ein betriebliches Problem beziehen. Besteht doch bei solchen Themen neben der Bewertung der eigentlichen Vortragstechnik auch die Möglichkeit, Einblicke in fachliche Kompetenzen zu gewinnen. Ob dabei "analytisches Denken" oder mehr "geistige Flexibilität" im Vordergrund stehen, können Sie anhand des Aufgabenmaterials schnell erkennen.

Mitunter läßt man den Vortragenden vorher eine schriftliche Ausarbeitung der Aufgabe vorlegen. Sozusagen als "Hausaufgabe" erhalten die Kandidaten dann den Auftrag, sich abends im stillen Kämmerlein auf die Präsentation am nächsten Tag vorzubereiten. Für die Auswerter hat das den Vorteil, daß sie sich während des Vortrags ganz darauf konzentrieren können, in welcher Form und mit wieviel Geschick die Kandidaten ihre Ausführungen vorbringen. Die fachliche Qualität wird dann anhand der schriftlichen Ausführungen in einem zweiten Schritt geprüft. Die Variante, daß man Ihnen eine Fallstudie als Referatsvorbereitung abends mit aufs Hotelzimmer gibt, ist beliebt.

Gehütet wie Staatsgeheimnisse

Die Themen haben es in sich. In sogenannten Fallstudien müssen die Kandidaten oft erst einmal mehr oder weniger komplexe Situationen analysieren, wobei man sie mit einer Fülle von Daten überhäuft. Die Zeit zur Vorbereitung ist dagegen regelmäßig nicht gerade reichlich bemessen. Der durch den Zeitdruck entstehende Streß kann beträchtlich sein.

Vorzugsweise werden die Aufgaben so formuliert, daß es nur eine Optimallösung gibt. Die Gründe liegen auf der Hand: Haben solche Übungen für den Aufgabensteller doch den Vorteil, daß sie sich rationeller auswerten und vergleichen lassen.

Wird die Lösung allerdings bekannt, gerät der Aussagewert dieser Übungen in Zweifel. Für die Auswerter läßt sich dann nur noch schwerlich feststellen, ob die Lösung den eigenen Gedanken entspringt oder nur von anderen Übernommen wurde. Viele Unternehmen hüten daher ihr oft laufbahnentscheidendes Testmaterial wie ein Staatsgeheimnis.

Probleme aus der Praxis

Vielfach stammen die Aufgaben aus der betrieblichen Praxis des Veranstalters und korrespondieren mit den Problemen, die den Stellenkandidaten an seinem späteren Arbeitsplatz erwarten würden. Themen aus dem Finanzbereich wie etwa Finanzanalysen oder Liquiditätsbetrachtungen sind besonders beliebt. Geben solche Aufgaben doch neben der Vortragskunst auch noch Aufschluß über die analytischen Fähigkeiten der Kandidaten.

Gern konfrontiert man die AC-Teilnehmer aber auch mit strategischen Problemen. In einem Assessment Center für die Position eines Marketingleiters ging es beispielsweise um die Förderung alternativer Produkte. Den angehenden Vertriebschefs in einem anderen Unternehmen wurde die Planung zur Erschließung möglicher neuer Märkte als Aufgabe gestellt. Um die Ausgestaltung eines Werbefeldzuges für ein innovatives Produkt, dessen Nutzen für den Verbraucher nicht auf Anhieb erkennbar war, ging es bei einem Unternehmen aus der Automobilbranche.

Je nach ausgeschriebener Position können aber auch Themen aus anderen Bereichen angesprochen werden. So mußten die Bewerber für eine Führungsposition im Personalwesen anhand von Fallstudien Referate halten, bei denen es um die Gestaltung und Einführung neuer Entwicklungsprogramme für die Nachwuchsförderung ging. Zeit zur

Vorbereitung erhielten sie genug: Man gab ihnen die Aufgabe am Ende des ersten Tages mit aufs Hotelzimmer. Zur Vorbereitung für den nächsten Tag arbeiteten die Kandidaten zum Teil bis spät in die Nacht an der sehr komplexen Aufgabenstellung.

Vortragsthemen für Berufsanfänger

Die Aussagekraft fachlicher Aufgabenstellungen hat allerdings da Grenzen, wo die Stellenbewerber noch nicht über die nötigen beruflichen Erfahrungen verfügen. So mußten denn auch die Traineeanwärter eines Versicherungsunternehmens 5-minütige Referate über mehr allgemeine Themen halten:

- *"Wie sollte eine sinnvolle Freizeitgestaltung aussehen"*
- *"Ist Leistungssport notwendig?"*
- *"Sollte die Vorschulerziehung mehr gefördert werden?"*
- *"Wie beurteilen Sie das Sprichwort "Morgenstund hat Gold im Mund"?*
- *"Bereitet das Studium auf das Berufsleben vor?"*
- *"Noch mehr Fernsehprogramme - Fluch oder Segen?"*
- *"Nulltarif in den öffentlichen Verkehrsmitteln - Geeignetes Mittel zur Verkehrsentlastung?"*

Zur Vorbereitung hatten die Kandidaten 15 Minuten Zeit. Durch kritische Zwischenfragen, die geeignet waren, den Vortragenden aus dem Konzept zu bringen, wurde der Streß noch erhöht. In einem anderen AC konnten die Teilnehmer sich ihr Thema selbst aussuchen. Als Vorgabe erhielten sie lediglich den Satzbeginn:

"Ich bin der Meinung, daß ..."

wobei sie sich möglichst für ein Thema entscheiden sollten, von dem sie sehr überzeugt waren und bei dem es ihnen "ein großes Anliegen bedeutet", auch die Zuhörer (=Beobachter) von Ihrer Meinung zu überzeugen. Solche Aufgabenstellungen kommen immer wieder vor. Wer sich dann schon vorher für ein eigenes Thema präpariert hat, ist natürlich im Vorteil. Auch wenn sich später im AC nicht die Gelegenheit ergibt, den eigenen Vortrag zu halten, war die Arbeit immerhin ein gutes Training. Denn gute Referate sind vor allem auch Übungssache.

Vorbereitung - Wo liegt der Engpaß?

1. Schritt: Material ordnen

Oftmals wird man Ihnen für die Bearbeitung der Aufgabe ziemlich unorganisierte Daten überlassen, die es zunächst einmal zu ordnen gilt, um zu Lösungsvorschlägen zu gelangen. Wie gut Sie in der Lage sind, das Informationsmaterial aufzubereiten und nach bestimmten Zielen oder Kriterien zu gliedern, wird in vielen AC bewertet:

- *"Bringt Informationen und Sachverhalte nach vorgegebenen Kriterien in eine Rangfolge"*
- *"Bringt Informationen und Sachverhalte nach vorgegebenen Kriterien in eine Rangfolge"*
- *"Beachtet Gemeinsamkeiten zwischen verschiedenen Sachverhalten"*

In den Merkmalskatalogen der Beobachter tauchen solche Fragen immer wieder auf. Man will damit herausfinden, wie ausgeprägt Ihre Fähigkeiten zu analytischem, systematischem Denken und Handeln sind.

Besonders bei kurzen Vorbereitungszeiten empfiehlt es sich, daß Sie zunächst noch nicht zu sehr ins Detail gehen, sondern das Material erst einmal sichten und ordnen, um einen ersten Überblick zu erhalten. Bei sehr komplexen Aufgaben kann es helfen, wenn Sie die in der Aufgabe enthaltenen Einzelprobleme gewichten und in eine Rangfolge bringen - schriftlich. Die auf diese Weise entstandene Problemhierarchie sollte das Grundgerüst für Ihre Lösungsansätze bilden.

Oft zeigt sich, daß nachfolgende Probleme von der Lösung eines Schlüsselproblems abhängig sind, dem Engpaß. Löst man den Engpaß, lösen sich vielfach auch die Einzelprobleme. Es zeigt sich immer wieder, daß Kandidaten, die sich von der Frage nach dem Schlüsselproblem leiten lassen, wesentlich schneller und überzeugender die ihnen gestellte Aufgabe lösen, als Kandidaten, die sich auf die Lösung von Einzelproblemen konzentrieren. Insbesondere bei sehr knapp bemessener Zeit läuft man leicht Gefahr, sich zu verzetteln.

2. Schritt: Referat strukturieren - 5 Kernfragen

Was nutzen die besten Ideen und Lösungsvorschläge, wenn sie bei den Empfängern nicht richtig ankommen. Deshalb tut eine wirksame Vorbereitung auf das Referat not. Die Beobachter werden besonders darauf achten, inwieweit Sie in der Lage sind, komplexere Sachverhalte übersichtlich darzustellen und ob Sie bei Ihrem Vortrag strukturiert vorgehen.

Für das Referat selbst werden Sie meistens nur wenig Zeit haben. Fünf bis zehn Minuten ist die Regel. Für viele Kandidaten liegt darin eine Schwierigkeit. Besonders, wenn Zwischenfragen gestellt werden, kommt es immer wieder vor, daß die Referenten ihre Ausführungen nicht vollständig zu Ende bringen können. Ist die vorgegebene Zeit verstrichen, wird der Vortrag nicht selten einfach abgebrochen. Das gibt empfindliche Punkteinbußen, denn wie gut Sie Ihren Zeitplan einhalten, wird ebenfalls geprüft. Durch das nun nicht mehr ausgewogene Referat leidet häufig auch die Überzeugungskraft.

Berücksichtigen Sie daher in Ihrem Gliederungskonzept wirklich nur das Wesentliche. Packen Sie nicht zuviel ins Referat. Das Aufgabenmaterial ist oft vollgestopft mit Informationen, nicht alle davon sind wichtig.

Gliedern Sie Ihren Vortrag durch Fragen. Das hat sich bewährt. Geführt durch die richtigen Fragen wird unwichtiges meistens automatisch ausgeklammert. Für die Gliederung eines Referats, welches Vorschläge zur Lösung eines betrieblichen Problems präsentieren soll, könnte man beispielsweise nach dem folgenden Schema vorgehen:

1. Worum geht es?
2. Was ist das Problem?
3. Was wurde bisher unternommen, um das Problem zu lösen?
4. Warum sind diese Versuche gescheitert?
5. Welches sind meine Vorschläge?

Unterscheiden Sie bei der Darstellung eines Problems grundsätzlich zwischen dem eigentlichen Problem und dem Problemumfeld. Ihr Vortrag wird dadurch transparenter. Das eigentliche Problem wird den Zuhörern bewußter gemacht.

Durch Fragen zum Ziel

Die erste Frage bezieht sich daher auf die Darstellung der Ausgangs-situation, des Problemumfeldes. Dieser Punkt ist wichtig, dennoch sollten einige kurze Sätze zur Einführung der Zuschauer und zu deren besseren Problemverständnis reichen. Versuchen Sie, sich hier möglichst knapp zu halten. Prüfen Sie kritisch, welche Information wirklich notwendig zum Verständnis des Problems ist. Zu lange Darstellungen der Ist-Situation wirken ermüdend und können Punktverluste bedeuten: "Beschränkt sich nicht auf das Wesentliche" heißt es dann.

Da die Beobachter meistens aus verschiedenen Bereichen des Unternehmens kommen, ist anzunehmen, daß Sie wahrscheinlich keine Experten vor sich haben werden. Schildern Sie daher den Sachverhalt mit einfachen Worten, leicht verständlich. Also kein Fachchinesisch!

Mit der Darstellung des Problems stellen Sie die Weichen für die Qualität Ihrer späteren Lösungsansätze. Sorgfältige Formulierungen sind daher wichtig. Beschreiben Sie das Problem mit kurzen Sätzen. Nicht nur im Assessment Center scheitern viele Lösungsversuche schon von vornherein daran, daß das zu lösende Problem nicht klar genug formuliert wurde. Ergeht sich der Vortragende nur in vagen Formulierungen, könnten Beobachter daraus schließen, daß der Referent den Kern der Sache nicht erfaßt hat.

Probleme, die in Frageform formuliert werden, nehmen Zuhörer meistens schneller auf. Je kürzer die Frage, desto besser. Formulieren Sie das Problem als offene Frage. Der Idealfall ist ein Satz:

"Wie können wir erreichen, daß ...?"

Diese Frageform hat sich bewährt. Mit solchen Formulierungen kann man den Zielbereich, also das, was ich erreichen will, gut verdeutlichen. Sie haben auch noch einen weiteren Vorteil: Statt breiter zeitaufwendiger Ausführungen können Sie sich kurz fassen und die Sache mit einem Satz auf den Punkt bringen. Auch wird es so leichter sein, bei kritischen Einwänden zielgerichtet zu argumentieren - besonders, wenn der Satz per Overheadprojektor für alle sichtbar an die Wand projiziert wird.

Umsicht oder Entscheidungsschwäche?

Nicht immer werden Sie die Fragen 3 und 4 berücksichtigen können. Hierzu nötige Informationen lassen die Aufgabensteller mitunter einfach weg. Prüfen Sie dennoch, ob es im Aufgabenmaterial irgendwelche Hinweise gibt, die sich für eine Behandlung dieser Gliederungspunkte auswerten lassen. Allerdings sollten Sie sich auch hier kurz fassen. Lange Ausführungen darüber, warum ein Vorhaben gescheitert ist, sind nicht gefragt. Schließlich will man Ihre Lösungen erfahren. Die Behandlung der Fragen 3 und 4 ist aber dennoch wichtig, kann sie doch den Spielraum neuer Lösungswege deutlich eingrenzen. Ein paar kurze Bemerkungen über gescheiterte Lösungsversuche schützen Sie auch vor eventuellen Vorwürfen, daß Sie einige, auf den ersten Blick vielleicht recht naheliegende Lösungsmöglichkeiten nicht berücksichtigt haben. Eine gute Methode, um sich abzugrenzen.

Den Schwerpunkt Ihres Referates bildet natürlich die Präsentation Ihrer Lösungsvorschläge. Die Ergebnisse und Ideen Ihrer Arbeit sollten im Mittelpunkt stehen. Schon aus Zeitgründen sollten Sie sich auch hier vorwiegend auf Lösungsmöglichkeiten konzentrieren, die Sie für besonders erfolgversprechend halten. Bei der Präsentation bestimmter Lösungen ist es auch wichtig, daß Sie die sich daraus ergebenden Konsequenzen skizzieren. Umsicht bei der Entscheidungsfindung wird man positiv registrieren solange sie nicht zur Entscheidungsschwäche ausartet. Unter anderem wollen Assessoren aus dieser Beobachtung Erkenntnisse darüber gewinnen, wie Sie die Risiken bei Ihren Entscheidungen berücksichtigen.

Lösung mit zwei Komponenten

Mitunter ergibt sich schon daraus eine Lösung, wenn man das Problem einfach umformuliert. Ein Beispiel:

Problem:

Wieviele Spiele sind bei einer Tennismeisterschaft notwendig, um den Sieger zu ermitteln, wenn 256 Spieler teilnehmen und der Sieger jedes Spiels in die nächste Runde aufsteigt?

Lösung:
Eine Lösung wäre "ausrechnen". Das wäre der nächstliegende Lösungsweg, der nach einiger Mühe sicher zum Erfolg führt. Meistens wird man von dem Gedanken, den Sieger zu ermitteln blockiert. Man kann die Frage (=Problem) jedoch auch umformulieren und so die Sache einmal mit einer anderen Sichtweise angehen:

"Wieviele Teilnehmer müssen verlieren, bis der Sieger ermittelt ist?"

Lösung: 255 Spieler

Bei betrieblichen Problemen bestehen Lösungen in der Regel aus zwei Komponenten:

- der Lösungsidee (=Lösungsansatz)

- und der Realisation.

Hierbei stellt der Lösungsansatz allein noch keine fertige Lösung dar. Er zeigt nur einen möglichen Weg auf, um das Ziel zu erreichen. Dieser Zusammenhang läßt sich nutzen: Kritik setzt meistens nur bei der Realisation einer Idee an, der Lösungsansatz dagegen wird von vielen akzeptiert. Wiederum können auch sehr gute und vielversprechende Ideen scheitern, wenn es Mängel bei der Durchführung gibt. Die Idee selbst muß deshalb nicht schlecht sein. Vor diesem Hintergrund gewinnen die Fragen 3 und 4 an Gewicht. Vielleicht bietet sich an, früher gescheiterte Lösungsansätze nur einmal anders durchzuführen?

Vortragstechnik - Zum Entertainer gewandelt

Einen wesentlichen Teil der Beurteilung wird natürlich Ihr Auftreten und die Art und Weise einnehmen, wie Sie Ihr Referat vorbringen. Schauspielern hat keinen Zweck. Wer sich während des Vortrags zum Entertainer wandelt, tut sich damit keinen Gefallen. Natürlichkeit ist oberstes Gebot.

Die freie Rede nimmt jeder Präsentation die Steifheit eines Vortrags. Um dennoch nicht den Faden zu verlieren, könnten Sie vielleicht Ihre Gliederungspunkte - sofern vorhanden - per Overheadprojektor als Schlagwort an die Wand projizieren.

Das Geheimnis guter Redner sind die kurzen Sätze. Nebensätze sind dagegen oft eher "Nebelsätze" und machen Aussagen unübersichtlich. Konzentrieren Sie sich auf kurze, einfach aufgebaute Sätze, so erleichtern Sie Ihren Zuhörern das Verständnis. Ihr Vortrag wird lebendiger, wenn Sie plastische Bilder, Vergleiche oder Analogien benutzen, um bestimmte Zusammenhänge besser zu verdeutlichen. Ein treffender Vergleich kann Argumente ersetzen.

Das Verständnis Ihrer Zuhörer erleichtern Sie ebenfalls, wenn Sie am Ende der wichtigsten Abschnitte Ihrer Ausführungen das gerade Gesagte noch einmal zusammenfassen. Hierzu bieten sich oft auch Skizzen, Schaubilder oder Grafiken an, die noch einmal wesentlich zum Verständnis beitragen können.

Redehemmungen - Wenn man den Faden verloren hat

Am besten, man redet die Hemmungen gar nicht erst herbei. Gedanken an frühere Auftritte, die weniger glücklich abliefen, sind daher fehl am Platze und sollten nicht beschworen werden. Wer seine Zuhörer überschätzt, blockiert sich nur selbst.

Gehen Sie davon aus, daß man Ihnen grundsätzlich nichts Böses will. Ziel der Veranstaltung sollte ja wohl sein, Ihre Stärken herauszufinden und nicht, Sie durch Ihre Schwächen abzuwerten. Schon Ihre Teilnahme am AC läßt ja bereits vermuten, daß man Ihnen weitere Entwicklungs-möglichkeiten zutraut. Vor diesem Hintergrund kann es mitunter auch nicht schaden, wenn Sie Ihr Publikum durch geschickte Fragen in Ihr Referat mit einbeziehen. Auf diese Weise lassen sich Distanzen abbauen.

Auch wenn man mal in seinem Vortrag ins Stocken geraten ist, sind Fragen eine gute Methode, um den Faden wiederzufinden. Vielleicht haben Sie das schon erlebt: Mitten im Vortrag setzen die Gedanken aus. Sie haben vergessen, wie es weitergeht. Eine fatale Situation. Um den "Black out" zu überwinden, gibt es einige Tricks.

Die einfachste Methode gegen das Steckenbleiben sind Pausen. Pausen sind ohnehin ein gutes Mittel, um Akzente zu setzen. Nur in den seltensten Fällen wird die Pause stören. Daß jeder Ihrer Zuhörer den Aussetzer sofort bemerkt hat, das Gefühl werden nur Sie selbst haben.

Ähnlich wie Pausen hilft auch langsames Reden. Während Sie den zuletzt gesprochenen Satz langsam wiederholen, fällt Ihnen vielleicht der Anschlußgedanke wieder ein.

Hilft auch das nicht, so kann eine Zusammenfassung des letzten Abschnitts hilfreich sein, um dann daran anzuknüpfen.

Vielleicht sollten Sie es aber auch wie Bismarck machen: Um seine Hemmungen bei der Rede abzubauen, soll er sich vorgestellt haben, vor Kohlköpfen zu sprechen.

Visualisierung - Überzeugender als Worte

Stehen Ihnen Visualisierungshilfen wie etwa ein Overhead-Projektor, eine Flipchart oder eine Tafel zur Verfügung, so zögern Sie nicht, diese auch zu nutzen.

Das Erstellen von Grafiken und Schaubildern kostet Zeit. Dennoch lohnt der Aufwand. Durch den Einsatz dieser Visualisierungshilfen können Sie die Wirkung Ihres Vortrags enorm erhöhen. Ihr Publikum wird sich drei bis viermal soviel merken können, wie durch bloßes Zuhören. Bietet sich die Möglichkeit, so stellen Sie die Entwicklung von Zahlen und Zusammenhängen in geeigneten Schaubildern dar.

Ein richtig eingesetztes Schaubild ersetzt viele Worte und hilft wertvolle Redezeit einzusparen. Ein Vorteil, der sich besonders bei kurzen Vortragszeiten auszahlt. Mitunter genügt schon eine Skizze. Daß diese dann aus Zeitgründen nicht so exakt ausgestaltet ist wie eine Computergrafik, wird man Ihnen sicher nachsehen. Wichtig ist die Idee. Die Art und Weise, wie Sie Ihre Zuhörer ansprechen und informieren. Ein Bild sagt mehr als tausend Worte. Das gilt auch für Ihr Referat. Auch bei den Assessoren werden Bilder, Skizzen, Grafiken, Organigramme oder Ablaufpläne im allgemeinen positiv aufgenommen und sich besser als Worte einprägen.

"Benutzt visuelle Hilfsmittel"

Wird in vielen Merkmalskatalogen sogar als Beobachtungspunkt registriert und als Pluspunkt im Hinblick auf Flexibilität und Ausdrucksvermögen vermerkt.

Einige Grundregeln

Jede Präsentation geht allerdings schief, wenn sie mit Schaubildern, Grafiken und Tabellen überfrachtet wird. Weniger ist oft mehr. Überlegen Sie daher schon aus Zeitgründen kritisch, ob die geplanten Grafiken, Schaubilder oder Tabellen wirklich zur Überzeugung Ihrer Zuhörer beitragen können. Es lohnt, einige einfache Grundregeln zu beachten:

- Es fördert die Verständlichkeit und Aussagekraft, wenn die Visualisierung jeweils nur eine Frage behandelt.

- Ihre Zuhörer werden Zusammenhänge schneller erkennen und aufnehmen, wenn Sie Ihre Visualisierungen großzügig gestalten. Aus diesem Grunde verbieten sich zu lange oder schwierige Wörter ebenso wie zu kleine Schriftgrößen.

- Haben Sie die Möglichkeit, Farben einzusetzen, so verdeutlichen diese Zusammenhänge besser als Pfeile oder Linien. Sparsame Hervorhebungen durch Farben können das Ganze noch einmal wesentlich übersichtlicher machen. Zuviel Farbe macht allerdings nur noch bunt und kann leicht verspielt wirken.

Orientierungshilfe für die Zuhörer

Für Ihr Kurzreferat bieten sich vor allem drei Arten zur Visualisierung an:

Kurze Texte:
Wählen Sie Kernsätze und Schlagworte um wichtige Aussagen und Erkenntnisse zu unterstreichen und leichter verständlich zu machen. Diese Methode eignet sich auch gut für Zusammenfassungen nach wichtigen Abschnitten oder zum Überleiten auf einen anderen Gliederungspunkt. Eine bewährte Orientierungshilfe für die Zuhörer.

Symbole:
Kreise, Punkte, Pfeile oder Linien können die Aussagekraft und Verständlichkeit von Texten, Grafiken oder Ablaufplänen wesentlich erhöhen. Sparsamkeit ist hier allerdings angesagt, denn zu viele Hervorhebungen können das Gegenteil bewirken.

Bei kurzen Vorbereitungszeiten bieten sich vor allem diese beiden Möglichkeiten an. Sie lassen sich meistens ohne zu hohen Zeitaufwand herstellen und helfen bei der Präsentation Schwerpunkte zu schaffen.

Schaubilder:
Das Erstellen von Graphiken und Diagrammen kann zeitaufwendig
sein. Schaubilder dieser Art werden Sie in den meisten Fällen nur
skizzenhaft darstellen können. Je nach Verwendungszweck bieten sich
drei verschiedene Arten an:

- Wollen Sie Ihren Zuhörern den Überblick von Zahlenkolonnen
  - etwa Umsätze oder Kosten - erleichtern, so bieten sich Listen
  oder Tabellen an, wenn es um die Darstellung genauerer Werte
  geht.

- Zur Darstellung von Zahlenreihen eignen sich auch Kurven.
  Schwankungen einzelner Werte lassen sich durch Kurven besser
  verdeutlichen.

- Für die Darstellung absoluter voneinander unabhängiger Werte
  eignen sich Säulen- oder Balkendiagramme besonders gut. Sie
  werden gern bei der Darstellung etwa von Jahresvergleichen,
  Produktionszeiten oder Vergleichszahlen gewählt.

- Für die Darstellung von Prozentanteilen eignen sich Kreis-
  diagramme. Ohne Hilfsmittel und ohne Übung sind diese allerdings nicht immer leicht herzustellen.

5

Rollenspiele
- Menschenführung
auf dem Prüfstand

Laborsituation

Rollenspiele haben bei der Beurteilung vor allem dann ein besonderes Gewicht, wenn der Inhaber der ausgeschriebenen Position in größerem Umfang Personalverantwortung trägt. Durch die Simulation bestimmter betrieblicher Situationen erhofft man sich Aufschlüsse darüber, wie Sie sich als Vorgesetzter im direkten Umgang mit Mitarbeitern verhalten werden.

In einem sorgfältig ausgearbeiteten Assessment Center werden zu diesem Zwecke vor allem Situationen konstruiert, die typische Mitarbeiterprobleme der ausgeschriebenen Position widerspiegeln. Bei einigen AC entsteht allerdings zuweilen der Eindruck, daß durch eine konzentrierte Auswahl kritischer Vorfälle beim Bewerber lediglich "Verhalten" mit wenig nachvollziehbarem Bezug zur zu besetzenden Stelle ausgelöst werden soll.

In den meisten AC handelt es sich beim Rollenspiel um ein simuliertes Gespräch von 10 bis 30 Minuten Dauer zwischen einem Vorgesetzten und einem Mitarbeiter wie beispielsweise in Abb. 10 dargestellt. Die Rolle des Vorgesetzten haben dabei Sie als AC-Teilnehmer zu spielen. Die Rolle des Mitarbeiters spielt meistens ein dafür geschultes Mitglied aus dem Unternehmen oder jemand aus dem Beobachterkreis.

Rollenspiele, bei denen sowohl der Vorgesetzte als auch der Mitarbeiter von AC-Teilnehmern gespielt werden, sind problematisch. Wird doch von Fachleuten gefordert, daß in diesem Falle die verteilten Rollen unbedingt gleichgewichtig sein müssen. Nur so haben beide Teilnehmer auch die gleichen Chancen bei der Beurteilung. Da aber die Gestaltung von Rollenspielen mit gleichgewichtigen Rollen meistens sehr aufwendig und auch nicht unumstritten ist, ziehen viele AC-Veranstalter solche Übungen vor, bei denen ein Part von einem Beobachter oder einer anderen dafür präparierten Person gespielt wird. Bei dieser Form läßt sich zwar nur jeweils ein Kandidat prüfen - sie ist also zeitaufwendiger - dafür lassen sich solche Rollenspiele aber problemloser konstruieren und unterliegen in der Rollenverteilung weniger hohen Ansprüchen. Rollenspiele dieser Art wurden früher vor allem zur Schulung von Führungskräften eingesetzt. Über ihren Wert als Eignungstest liegen bisher nahezu keine wissenschaftlich kontrollierten Aussagen vor.

Wenn die Vorbereitungszeiten zu knapp sind

Wieviel Vorbereitungszeit man Ihnen läßt, hängt insbesondere von der Materialmenge und von der Komplexität des Falles ab. Die Regel liegt bei 10 bis 30 Minuten. In einigen AC beliebt ist auch die Vorbereitung als "Hausaufgabe", so daß Sie sich am Vorabend im Hotelzimmer neben anderen Aufgaben auch auf das Rollenspiel vorbereiten müssen.

Zur Gesprächsvorbereitung erhalten Sie in der Regel Informationen über Ihre eigene Position und die Person Ihres Mitarbeiters sowie dessen Fehlverhalten welches das Gespräch notwendig machte.

Wichtig ist, daß die Teilnehmer genug Zeit erhalten, um sich mit ihrer Rolle vertraut zu machen und sie zu verinnerlichen. Nur so kann erwartet werden, daß die Teilnehmer sich mit ihrer Rolle auch identifizieren. Ein Punkt, der bei einigen AC nicht genug berücksichtigt wird. Nicht selten wird den Teilnehmern aus Zeitknappheit nur gerade soviel Vorbereitungszeit zugestanden, wie sie brauchen, um die Fakten zu lernen.

Wer den Teilnehmern allerdings nicht genug Zeit zur Vorbereitung auf das Rollenspiel zugesteht, muß sich nicht wundern, wenn die Ergebnisse nur unbefriedigende Aussagen zulassen. Wer zuwenig Zeit erhält, zeigt erfahrungsgemäß eher Distanz zu der vorgegebenen Rolle: Er wird sich vorrangig bemühen, ein Verhalten zu zeigen, welches seiner Meinung nach bei Vorgesetzten in dieser Position sozial erwünscht ist. Weniger wird er zeigen, wie er sich selbst in dieser Position verhielte.

Die Themen - Gesammelte Schwierigkeiten

Die in den Aufgaben aufgezeigten Situationen lassen nicht gerade angenehme Gespräche erwarten. Vielfach beschäftigen sie sich mit den folgenden Themen:
- nachlassende Leistungen eines Mitarbeiters
- Kündigungen
- Durchsetzung unpopulärer Maßnahmen (z.B Mehrarbeit)

Abb.: 10

Rollenspielaufgabe:"Führungswechsel"

Rolle Bereichsleiter

Sie sind Bereichsleiter. Zu den Ihnen unterstellten Abteilungen gehört auch die Abteilung Projektierung, die seit fünf Jahren von Herrn Meier geleitet wurde.

Herr Meier ist zweifellos ein hervorragender Fachmann auf seinem Gebiet. Sein autoritärer Führungsstil jedoch gab anfänglich reichlich Anlaß zur Diskussion und Sorge. Weil sie mit seinem Stil nicht einverstanden waren, ließen sich während des ersten Jahres seiner Leitung viele Mitarbeiter versetzen oder kündigten. Damals erwogen Sie sogar, Herrn Meier zu versetzen.

Inzwischen jedoch haben sich die Wogen in der Abteilung geglättet. Herr Meier führt seine Abteilung zwar immer noch autoritär, jedoch mit großem Erfolg. Die meisten der jetzt in der Abteilung arbeitenden Mitarbeiter haben sich mit Herrn Meiers Führungsstil arrangiert. Seine Anweisungen müssen von seinen Mitarbeitern genau befolgt werden. Damit möglichst keine Fehler gemacht werden, legt er auf Kontrollen großen Wert. Vor vier Monaten wurde Herr Meier 65 Jahre alt und ging in den Ruhestand.

Als Nachfolger hätten sie gern jemand aus dieser Abteilung genommen.Es zeigte sich jedoch, daß keiner dort Ambitionen zeigte, den Posten zu übernehmen. Auch hatte Herr Meier keinen seiner Mitarbeiter auf eine mögliche Nachfolgeschaft vorbereitet. Nachdem Sie ihm die Nachfolgeprobleme in der Abteilung Projektierung recht eindringlich geschildert haben, erklärte sich glücklicherweise Herr Müller - bisheriger Leiter der Abteilung Planung - bereit, die Abteilung Projektierung zu übernehmen, und bestimmte seinerseits einen Mitarbeiter als Nachfolger für seine bisherige Abteilung. Für Herrn Müller bedeutet die Übernahme keine Beförderung. Er sagte in erster Linie aus Pflichtgefühl und Solidarität Ihnen gegenüber zu.

Herr Müller erwartet von seinen Mitarbeitern viel Selbständigkeit. Zwar spricht er die einzelnen Aufgaben sorgfältig mit den jeweils Betroffenen durch und hilft ihnen auch beim Formulieren der Arbeitsziele. Wie und auf welchem Wege diese Ziele aber zu realisieren sind, ist Sache der einzelnen Mitarbeiter, die dafür auch die Verantwortung tragen.

Drei Monate nachdem Sie Herrn Müller zum Leiter der Abteilung Projektierung eingesetzt haben, zeigt sich: Die Abteilung erbringt nicht mehr ihr Soll. Termine wurden überschritten und es wird deutlich, daß der Ablauf mehrerer Projekte sich empfindlich verzögern wird. Als Sie mit einigen Mitarbeitern von Herrn Müller sprechen, erklären diese, daß Herr Müller nicht in der Lage wäre, die Abteilung effizient zu führen.Wenn sich Probleme ergäben, erkläre er sich zwar jederzeit zu einem Gespräch bereit, im Hinblick auf Lösungswege und Einzelheiten, wie man die vorgegebenen Ziele realisieren solle, würde er sie jedoch kaum unterstützen. Werden dann Aufgaben nicht rechtzeitig erledigt, so mache er die einzelnen Mitarbeiter dafür verantwortlich. In der Abteilung wäre man durch das Verhalten von Herrn Müller allgemein verunsichert und frustriert. Sie haben daraufhin Herrn Müller in Ihr Büro bestellt.

Zeit: 30 Minuten

- Alkoholprobleme eines Mitarbeiters
- Schlichtung von Konflikten unter Mitarbeitern
- nachlassende Motivation
- Beanstandung von Fehlverhalten im Betrieb oder gegenüber Kunden
- mehrfaches unentschuldigtes Fehlen oder Zuspätkommen eines Mitarbeiters
- Beschwerden
- Beurteilungsgespräche bei schwachen Leistungen
- familiäre Probleme, die sich auf die Arbeitsleistung auswirken

Ihre Rolle wird meistens darin bestehen, die Hintergründe des Mitarbeiterproblems herauszufinden, um auf dieser Grundlage entsprechende Regelungen und Vereinbarungen zu treffen.

Beurteilungsschlüssel - Worauf wird geachtet?

Aus Ihrem Verhalten im Rollenspiel wird man Schlüsse auf Ihr späteres Führungsverhalten ziehen. Dabei beobachten Assessoren vor allem die Qualität Ihrer Gesprächsführung als Vorgesetzter. Ob Sie beispielsweise eine Gesprächsstrategie entwickeln, die es Ihnen ermöglicht, die Probleme Ihrer Mitarbeiter zu erkennen, wie sie eine Klärung der Angelegenheit erreichen wollen, und natürlich auch, welches Ergebnis bei der Unterredung letztlich herauskommt. Haben Sie Entscheidungen zu treffen, sollten Sie auch zeigen, daß Sie bereit sind, hierfür die Verantwortung zu übernehmen. Den Schwerpunkt der Beobachtungen bilden soziale Fähigkeiten und Eigenschaften wie:

- Überzeugungskraft

- Kontaktfähigkeit

- Einfühlungsvermögen

- Verhandlungsgeschick
- Durchsetzungsvermögen
- Die Fähigkeit zu motivieren
- Flexibilität
- Belastbarkeit
- Führungsverhalten

Ihr Verhalten wird normalerweise von mehreren Beobachtern eingeschätzt und anhand eines Merkmalskatalogs beurteilt. Die Beobachter werden versuchen, herauszufinden, wie Sensibel Sie im Umgang mit Mitarbeitern sind. Hierzu ist es wichtig, daß Sie deutlich machen, die Probleme anderer bei Ihren Zielsetzungen zu berücksichtigen und anzuerkennen.

Wer jedoch zuviel Verständnis gegenüber seinen Mitarbeitern zeigt, riskiert, daß man ihm Führungsschwäche nachsagt. Als AC-Teilnehmer sollten Sie schon durch Ihr Verhalten zu verstehen geben, daß Sie als Führungskraft zunächst die Interessen des Unternehmens vertreten. In vielen Firmen gilt der sogenannte "demokratische" oder auch "kooperative" Führungsstil als besonders mitarbeitermotivierend. Kandidaten, die ihr Verhalten nach diesem Muster ausrichten, werden besonders gern gesehen. Pluspunkte in Selbstkontrolle können Sie verbuchen, wenn es Ihnen gelingt, daß während des Gesprächs bei Ihrem Gegenüber keine Aggressionen oder Spannungen erzeugt werden, und wenn Sie Ihren Gesprächspartner im Eifer des Gesprächs nicht ständig unterbrechen. Ihr Ausdrucksvermögen wird man gern daran beurteilen, wieweit sie in der Lage sind, sich klar auszudrücken, so daß keine Mißverständnisse oder Rückfragen auftreten. Positiv registriert wird ebenfalls, wenn Sie Ihre Argumente auch mal mit anderen Worten und formulieren können.

Gescheitert durch falsches Gesprächsverhalten

Häufig verlangen solche Rollenspiele ein hohes Maß an Einfühlungsvermögen. Um zu einer guten Lösung zu gelangen, bedarf es Fingerspitzengefühl und Geschicklichkeit im Umgang mit Menschen. Gilt es doch, Lösungen anzustreben, die beim Mitarbeiter keine Demotivation oder gar Frustration erzeugen - und das, obwohl viele der Problemstellungen alles andere als angenehm sind.

Um das zu erreichen, sollten Sie von Beginn des Gesprächs an bemüht sein, eine Atmosphäre des Vertrauens aufzubauen. In der Regel wird von den Assessoren erwartet, daß die Kandidaten bei der Vorgesetztenrolle nicht als strenger Richter auftreten, sondern eher als kooperative Helfer. Wer nicht zunächst nach dem sozialen und psychologischen Hintergrund seines "Mitarbeiters" forscht und sich durch entsprechende Verhaltensweisen keinen Einblick verschafft, wird in den meisten Fällen Probleme bekommen. Nur selten wird er eine von den Beobachtern akzeptierte Lösung erreichen.

Oft nehmen Kandidaten die Möglichkeiten einer guten Einigung nur ungenügend wahr, weil sie einfach nicht gezielt genug fragen. Wichtig sind auch Überlegungen, wie Sie verhindern wollen, daß Ihr Gegenüber von vornherein in eine Abwehrstellung geht, aus der heraus er sich nur noch verteidigt und konstruktiven Vorschlägen gegenüber nicht mehr zugänglich ist. Solche Gesprächsverläufe können Assessoren Ihnen leicht als Ungeschicklichkeit im Führungsverhalten anlasten.

Entscheidende Fragen zur Gesprächsführung

Schon bei der Gesprächsvorbereitung sollten Sie solche Fragen berücksichtigen, die den Hintergrund des Sachverhaltes aufhellen:

- *"Was kann ich tun, um die anfängliche Anspannung abzubauen?"*

- *"Mit welchen Verhaltensweisen kann ich das Gespräch entkrampfen?"*

- *"Welche Motive führten den Mitarbeiter zu dieser Verhaltensweise?"*

- *"Welche Sorgen, Hoffnungen und Erwartungen mögen ihn bewegen?"*

- *"Mit welchen Fragen kann ich diese Hintergründe erfahren?"*

Dem Mitarbeiter schon gleich zu Beginn des Gesprächs sein Fehlverhalten vorzuwerfen ist leider bei einigen Vorgesetzten immer noch gängige Praxis. Im Assessment Center wird solches Verhalten in der Regel nicht gerade mit Lob bedacht. Gefragt ist meistens der kooperative Führungsstil.

Statt den Mitarbeiter gleich mit Vorwürfen zu belasten, wird es weiterführen, erst einmal die Motive und Einstellungen des anderen zu erkunden. Das umso mehr, da oft auch der Rolle des Mitarbeiters bestimmte Verhaltensweisen und Sachzwänge vorgegeben worden sind, die der Inhaber beim Spiel berücksichtigen muß (Abb. 11). Gelingt es dem Vorgesetzten nicht, diese herauszufinden oder ignoriert er diese Hintergründe, hat er beim Finden einer akzeptablen Lösung kaum eine Chance. Positiv registriert werden oft schon Gesprächsstrategien, die überhaupt in diese Richtung tendieren. Ähnlich wie bei der Gruppendiskussion ist also auch beim Rollenspiel eine gute Fragetechnik von wesentlicher Bedeutung.

Das Rollenspiel erfordert aber noch eine weitere Fähigkeit, die bei vielen Teilnehmern zu kurz kommt: das Zuhören. Wer dem anderen nicht die Möglichkeit gibt, eigene Vorschläge und Argumente einzubringen, wird kaum akzeptable Problemlösungen erreichen.

Gesprächseröffnung - Gravierende Fehler

Viele Teilnehmer bringen keine zufriedenstellenden Lösungen zustande, weil sie schon bei der Gesprächseröffnung gravierende Fehler machen. Besonders drei Fehler sind immer wieder zu beobachten:

- Die eigene Meinung fließt in die Problemdarstellung mit ein. (Beispiel: *"Der Sachverhalt ist wie folgt: ......, dabei gefällt mir besonders, daß ....."*)

Rollenspielaufgabe: "Alkohol"

Informationen für den Vorgesetzten:

Sie sind Herr Streng und frischgebackener Leiter einer hochspezialisierten Abteilung. Gleichwertige Mitarbeiter sind schwer zu bekommen. Der Sitz Ihrer Firma liegt in einer kleinen Stadt. Vor kurzem hat sich im Ort ein anderes Unternehmen der gleichen Branche - die Firma Konkurrenta GmbH - angesiedelt, die Ihnen Konkurrenz macht und Ihre Mitarbeiter mit attraktiven Angeboten abwirbt, so daß die Geschäftsleitung bereits nervös reagiert, wenn es zu Fluktuationen kommt.

Kurz vor Feierabend gehen Sie noch einmal in Ihre Abteilung. Dort müssen Sie feststellen, daß Herr Locker, einer Ihrer besten Mitarbeiter, andere Kollegen - darunter auch zwei Kollegen aus einer anderen Abteilung - zu einem Glas Sekt eingeladen hat, obwohl Alkoholgenuß in der Firma streng verboten ist. Vor allem wegen der Mitarbeiter aus der anderen Abteilung, deren Leiter Ihnen persönlich wenig gewogen ist, befürchten Sie, daß die Feier sich herumsprechen wird. Am nächsten Tag bestellen Sie Herrn Locker zum Gespräch in Ihr Büro.

Gesprächszeit: 20 Minuten

Informationen für den Mitarbeiter:

Sie sind Herr Locker und arbeiten in der Abteilung von Herrn Streng. Anläßlich der Geburt Ihres ersten Kindes haben Sie kurz vor Feierabend Ihre Kollegen zu einem Glas Sekt eingeladen. Eigentlich ist der Alkoholgenuß während der Arbeitszeit ja verboten, bei diesem besonderen Ereignis glauben Sie jedoch, eine Ausnahme machen zu dürfen. Ihre Kollegen sehen das auch so, zumal sie vom früheren Vorgesetzten viel Toleranz gewohnt sind. Gegenüber Ihrem jetzigen Vorgesetzten sind Sie noch etwas unsicher. Er ist noch zu neu, um ihn richtig einzuschätzen. Sie und Ihre Kollegen halten es daher für besser, sich ihm gegenüber vorerst noch zurückzuhalten.

Die Informationen über die Konkurrenta GmbH verfolgen Sie mit Interesse. Grundsätzlich sind Sie nicht abgeneigt, den verlockenden Angeboten dieses Unternehmens nachzugeben und zu wechseln. Bisher hielten Sie jedoch zu Ihrer jetzigen Firma, weil Arbeitsstil und Klima in der Abteilung bisher sehr kollegial und tolerant waren. Daß man sich mehr Freiheiten als woanders erlauben konnte, haben auch die meisten Ihrer Kollegen bisher zu schätzen gewußt, ohne es jedoch zu übertreiben. Vorige Woche haben Sie von der anderen Firma ein verlockendes Angebot erhalten. Sie schwanken aber noch, da Ihnen die Arbeit in dieser Abteilung eigentlich gut gefällt und Sie als Spitzenkraft anerkannt und im Betrieb allgemein geschätzt werden. Ob Sie bleiben, wird unter anderem auch von der Fortführung des bisherigen Arbeitsstils abhängen.

- Es wird sofort eine Alternative angeboten.

(Beispiel: *"Was meinen Sie, wollen wir lieber so oder so verfahren?"*)

- Das Problem wird nicht als Situation, sondern als Verhalten geschildert. (Beispiel: *"Weil Sie wiederholt Ihre Termine nicht eingehalten haben, hat sich das Verhältnis zur Abteilung XYZ drastisch verschlechtert. Welche Möglichkeiten sehen Sie, etwas dagegen zu tun?"*)

Der zuletzt genannte Fehler ist besonders oft zu beobachten. Es ist klar, daß bei einer derartigen Gesprächseinleitung keine konstruktiven Vorschläge von Seiten des Mitarbeiters zu erwarten sind. Wer so angesprochen wird, sucht zunächst nach Entlastungsgründen statt nach Lösungswegen.

Kritik üben will gelernt sein

Bei vielen Rollenspielen geht es um die Anwendung von Kritik gegenüber einem Mitarbeiter (vgl. Abb. 12). Es kann daher nützlich sein, wenn Sie sich vor dem AC noch einmal ein paar Grundregeln über Kritik in Mitarbeitergesprächen verdeutlichen.

Viele Führungskräfte empfinden Kritikgespräche mit Mitarbeitern als unangenehm. Auch wenn sie in bestimmten Situationen notwendig sind, werden solche Gespräche daher von nicht wenigen Vorgesetzten aus Unsicherheit möglichst vermieden oder nur zögerlich geführt.

Andererseits kann das Ausbleiben eines klärenden Wortes zur rechten Zeit dazu führen, daß Spannungen entstehen. Wer sich dann in die Sache hineinsteigert, läuft Gefahr, daß er irgendwann aus lauter aufgestautem Ärger überzogen reagiert und das Thema ungeschickt - meist zu aggressiv - angeht.

Die Ergebnisse solcher Gespräche sind regelmäßig unbefriedigend. Vielfach erzeugen sie auch eine Verschlechterung der Beziehungen zwischen den Gesprächsteilnehmern. Wer jedoch als Vorgesetzter aufgrund der eigenen Unsicherheit seine Mitarbeiter demotiviert, schadet dem Unternehmen. Wer daher Unsicherheit im Kritikverhalten zeigt, wird es schwer haben.

Kritik als Selbstzweck?

Mitarbeitergespräche, in denen der Vorgesetzte auch mal Kritik äußert, sind sicherlich genauso nötig wie Lob. Nach dem Motto "Wer genug kritisiert, führt auch", scheinen allerdings einige Vorgesetzte die Kritik an sich bereits als entscheidend anzusehen. Bei bestimmten Vorgesetztentypen wird Kritik auch als kurzes und heftiges "Zustammenstauchen" verstanden. Ist das Donnerwetter dann vorüber, soll wieder "alles in Ordnung" sein. Als konstruktiv werden solche Gespräche von Seiten der Kritisierten selten empfunden. Stattdessen wirken sie aus der Sicht der Mitarbeiter oft eher verwirrend und verunsichernd. Wer nur unbefriedigend in unscharfen Formulierungen gesagt bekommt, was zu beanstanden ist, kann sich auch nur unbefriedigend orientieren und damit verbessern. Das eigentliche Ziel, die Korrektur der Angelegenheit bleibt verfehlt.

Besonders schädlich kann sich Kritik auswirken, wenn sie nur unpräzise den Kern der Sache trifft:

- *"Da haben Sie aber ein miserables Schreiben verfaßt!"*

- *"Ihr Bericht ist das Papier nicht wert"*

- *"Sie vertreten einen völlig falschen Standpunkt"*

- *"Sie haben die Sache schon wieder verhunzt"*

- *"Stellen Sie sich nicht immer so ungeschickt an"*

- *"Sie machen einfach alles falsch, Herr XYZ. So geht das nicht!"*

Abb.: 12

Rollenspielaufgabe: "Disziplin"

Rolle Vorgesetzter:

In einem Unternehmen für medizinische Spezialgeräte arbeiten Sie als Abteilungsleiter. Ihre Abteilung besteht aus 12 Mitarbeitern. Neben einem hohen fachlichen Qualifikationsniveau erfordert die Arbeit auch ein großes Maß an Zuverlässigkeit und Disziplin.

Der ohnehin begrenzte Markt für Fachkräfte mit der Qualifikation, wie sie in Ihrer Abteilung benötigt wird, ist zur Zeit sehr angespannt. Neue Mitarbeiter zu finden wäre gegenwärtig sehr schwierig und mit einem hohen Zeit- sowie Kostenaufwand verbunden. Anderseits ist die Abteilung wegen der momentanen Auftragslage voll ausgelastet. Es ist bisher vor allem der Motivation und dem Einsatzwillen Ihrer Mitarbeiter zu verdanken, daß Ihre Abteilung den hohen Arbeitsdruck noch bewältigt.

Einer Ihrer Mitarbeiter - Herr Klein - hat sich fachlich besonders gut entwickelt. Er ist sehr engagiert und identifiziert sich voll mit seiner Arbeit. In seiner Freizeit besucht er auf eigene Kosten Kurse, die ihn fachlich weiterbilden. Bei dem gegenwärtigen Arbeitsdruck ist er auch ohne zu murren bereit, regelmäßig Überstunden zu machen. Wenn es nötig ist, arbeitet er sogar am Wochenende. Bei weiterer Qualifikation hat Herr Klein durchaus das Zeug dazu, in der Abteilung einmal Ihr Stellvertreter zu werden.

Leider gibt es da auch einen Kritikpunkt,
der sich mehr und mehr zum Problem auswei-
tet: Herr Klein kommt zwei bis dreimal die
Woche um zwanzig bis dreißig Minuten zu spät
zur Arbeit. Schon mehrfach haben Sie Herrn
Klein deshalb zur Rede gestellt. Diese
Unterredungen blieben jedoch bisher ohne
Erfolg. Zwar versprach Herr Klein jedesmal,
daß er in Zukunft pünktlicher zur Arbeit
kommen werde, jedoch kam er dann bereits
nach kurzer Zeit wieder zu spät.

Vor kurzem haben Ihnen nun die anderen
Mitarbeiter der Abteilung zu verstehen
gegeben, daß sie Herrn Kleins Unpünkt-
lichkeit nicht mehr länger tolerieren wollen. Schließlich müßten auch sie pünktlich
sein. Wenn Sie Herrn Klein nicht endlich zur
Raison brächten, würden sich in Zukunft auch
die übrigen Mitarbeiter der Abteilung nicht
mehr verpflichtet fühlen, es mit der Pünkt-
lichkeit so genau zu nehmen. Aus diesem
Grunde haben Sie Herrn Klein noch einmal zu
einer Unterredung in Ihr Büro kommen lassen.

Gesprächsdauer: 15 Minuten

- *"Bei Ihnen gebe ich es langsam auf."*

- *"So wie Sie arbeiten, belasten Sie die gesamte Abteilung."*

Solche Verallgemeinerungen können leicht als persönlicher Angriff empfunden werden und entsprechende Reaktionen hervorrufen. Bemerkungen dieser Art tragen auch wenig zur Verbesserung der Leistung bei. Wie sollen sie auch, kann der Kritisierte doch nicht erkennen, was er konkret ändern soll - worum es genau geht. AC-Kandidaten, die im Rollenspiel mit solchen Ansätzen arbeiten erhalten denn auch von ihren Beobachtern regelmäßig schlechtere Beurteilungen.

Wirkungsvolle Kritik verfolgt immer ein konkretes Ziel. Konstruktive Kritik beantwortet daher immer die Fragen, was zu beanstanden ist und wie es verbessert werden soll. Überlegungen, die in diese Richtung zielen, sollten sie schon in der Vorbereitungsphase anstellen, um das Gespräch in die richtigen Bahnen zu lenken. Sie liefern den Assessoren auf diese Weise auch noch ein weiteres Beobachtungsmerkmal, das bei vielen Rollenspielen einen Kernpunkt bildet: Die Fähigkeit, soziale Probleme und Zusammenhänge zu erkennen und zu strukturieren.

Strategie fürs Kritikgespräch

Bei Kritikgesprächen bewährt hat sich die folgende Vorgehensweise. Sie ist als Vorschlag gedacht. Sicher führen mehrere Wege zu erfolgreicher Kritik. Vielleicht nehmen Sie die Punkte als Anregung, als Gerüst für Ihre Gesprächsgliederung so daß Sie sich schneller auf Kritikgespräche im AC vorbereiten können? Grundlage des Kritikgesprächs ist die AC-Aufgabe "Der Fall Krause" (Abb. 13).

Kritik vorbringen:

Beschreiben Sie den dann folgenden zu kritisierenden Sachverhalt möglichst neutral und wertfrei, so laufen Sie weniger Gefahr, daß Ihr Gegenüber das Gespräch als Angriff auf seine Person verstehen wird.

Abb.: 13

Rollenspielaufgabe: "Der Fall Krause"

Instruktionen für den Vorgesetzten:

Sie heißen Fritz Nett und sind seit sechs Monaten Leiter einer Stabsabteilung in einem größeren Konzern. Als Vorgesetztem dieser Abteilung mißfällt es Ihnen seit einiger Zeit, daß ein Mitarbeiter, den Sie an sich sehr schätzen, oft die ihm vorgegebenen Berichtsabgabetermine überschreitet. Sie bitten Ihn deshalb zu einer Unterredung in Ihr Büro.

Instruktionen für den Mitarbeiter:

Sie sind Herr Krause und arbeiten in der Abteilung von Herrn Nett. Seitdem Herr Nett die Abteilung vor einem halben Jahr übernommen hat, unterliegen Sie einem ständig wachsenden Arbeitsdruck, weil von anderen Abteilungen und einflußreichen übergeordneten Führungskräften anderer Bereiche, denen Sie zuarbeiten müssen, zunehmend Anfragen und kleinere Aufträge direkt an Sie gerichtet werden, die angeblich "ganz dringend" sind und "mal eben" erledigt werden sollen. Da Ihre Kapazität schon durch die regulären Arbeiten eigentlich ausgeschöpft ist, sind Sie trotz guten Willens immer weniger in der Lage, die Ihnen vorgegebenen Termine einzuhalten. Zwar haben Sie das Problem schon bei früheren Besprechungen mit Herrn Nett anklingen lassen, der ging darauf bisher aber wenig ein. Für ihn waren stets andere Aufgaben wichtiger. Überhaupt hatten sie im Laufe dieser Unterredungen das Gefühl, daß Herr Nett mehr darauf aus war, sein gutes Verhältnis "nach oben" zu pflegen, als seinen Mitarbeitern bei Problemen von außen den Rücken zu stärken. Bei der Vertretung Ihres Standpunktes gegenüber den anderen Bereichen fühlen Sie sich daher von Herrn Nett ziemlich alleingelassen und sind entsprechend unsicher beim Abschlagen der Sonderwünsche aus den anderen Bereichen, denen Sie zuarbeiten müssen.

Gesprächsdauer 15 Minuten

Haben Sie es bei dem Rollenspiel mit einem "präparierten Mitarbeiter" aus dem Unternehmen zu tun, müssen sie damit rechnen, daß dieser nur auf eine Gelegenheit wartet, das Gespräch ins Unsachliche abgleiten zu lassen. Wirkungsvolle Mittel dagegen sind sachliche, möglichst präzise Beschreibungen darüber, was es zu beanstanden gibt.

> *"Es fiel mir auf, daß Sie bei beiden Berichten den vereinbarten Abgabetermin überschritten haben."*

Das trifft den Kern. Wählen sie zu viele negativ klingende Worte, müssen Sie ebenfalls mit Spannungen rechnen. Gerade Worte, die den Geruch tragen, ihn abzuwerten, wird der Kritikempfänger in dieser Gesprächsphase besonders sensibel registrieren. Haben Sie es bei der AC-Aufgabe mit einem "präparierten Mitarbeiter" zu tun, müssen Sie damit rechnen, daß er nur darauf wartet, entsprechend aufbrausend reagieren zu können:

> *"Wollen sie damit sagen, daß ich ... bin?"*

Ungewollt gerät das Gespräch in Gefahr, unsachlich oder aggressiv zu werden. In welcher Form Sie Ihre Kritikpunkte anführen, entscheidet darüber, in welchen Bahnen das weitere Gespräch verlaufen wird.

Dieser Gesprächspunkt nimmt daher eine Schlüsselposition ein. Finden Sie über den Sachverhalt keinen Konsens, werden Sie im weiteren Gespräch kaum überzeugen. Ihr Gegenüber wird die Kritik als ungerechtfertigt empfinden und sich sperren.

Stellungnahme:

Nachdem Sie deutlich gemacht haben, worum es geht, ist es wichtig, daß Sie Ihrem Gegenüber die Gelegenheit einer Stellungnahme geben. Viele AC-Rollenspiele - so auch diese Aufgabe - sind so aufgebaut, daß der "Vorgesetzte" scheitert, wenn er es nicht versteht, beim "Mitarbeiter" die Hintergründe zu erforschen.

Fordern Sie ihren Gegenüber auf, zu reagieren. Nur so wird ein konstruktiver Dialog möglich. Offene Fragen, die den anderen dazu bringen, ausführlicher zu antworten, sind an dieser Stelle besonders nützlich:

"Woran liegt das?"

oder

"Wie können sie das erklären?"

Immer wieder läßt sich beobachten, daß dieser Gesprächspunkt zu sehr vernachlässigt wird. Stattdessen folgen sogleich irgendwelche Vorwürfe, Mahnungen, Drohungen oder Maßregelungen, die jeden konstruktiven Gedanken im Keim absterben lassen. So verfahrenden AC-Kandidaten entgehen dadurch aber oft wichtige Informationen, die zur Ursache des Fehlers führen.

Verbesserung anstreben:

Wichtig ist, daß sie gemeinsam mit Ihrem Gegenüber vereinbaren, welche Änderungen angestrebt werden sollen. Die einfachste Methode, sie fragen Ihn:

"Wie können Sie das Problem in den Griff bekommen?"

oder

"Wie können sie das ändern?"

Fragen dieser Art ermutigen den anderen, sich zu äußern. Fällt ihm das schwer, müssen sie natürlich ·Vorschläge machen. Auch das am besten als Frage:

- *"Was meinen sie, wenn ...."*

- *"Glauben Sie, es wird besser gehen, wenn ...."*

- *"Wie wäre es, wenn ..."*

Ihre Vorschläge müssen nicht immer dazu führen, daß der Kritisierte sein Verhalten ändern soll. Bei einigen AC-Aufgaben - so auch bei diesem Beispiel - müssen vor allem Maßnahmen zur Verbesserung der

Arbeitsbedingungen des Kritisierten getroffen werden. Zu nennen wären in diesem Falle eindeutigere Regelungen der Kompetenzen sowie eine Verbesserung des Vertrauensverhältnisses zwischen Mitarbeiter und Vorgesetztem.

Zusammenfassung:

Zum Abschluß des Kritikgesprächs empfiehlt es sich, daß Sie Ihre Vereinbarungen noch einmal zusammenfassen. Ein von Assessoren oft genannter Kritikpunkt: Nach dem Gespräch wird zwar deutlich, was zu vermeiden ist, nicht aber, was getan werden muß.

- *"Also vereinbaren wir, daß ..."*

- *"Sind Sie damit einverstanden, wenn Sie zukünftig ..."*

Nach dem Gespräch sollte für beide Seiten Klarheit darüber bestehen, wie weiter in diesem Punkt verfahren werden soll. Bei einigen AC-Aufgaben hat sich auch bewährt, wenn festgelegt wird, wie und wann der Erfolg der Änderung geprüft werden soll.

6

Interviews
- Gespräche mit Tiefgang

Fragestunde

Das Interview ist bei den meisten Unternehmen immer noch eine wichtige Beurteilungsgrundlage. Daran hat auch das Assessment Center nichts geändert. Trotz ausgefeilter Testaufgaben möchten geschulte Interviewer auch im Assessment Center nicht darauf verzichten, sich von den Kandidaten einen direkten Eindruck zu verschaffen und durch das Gespräch ein Urteil zu bilden. Vielfach müssen die Teilnehmer sich während des AC sogar mehreren Interviews stellen, wobei die Interviewer jedesmal wechseln. Auf diese Weise erhoffen sich Firmen eine objektivere Einschätzung des Befragten. Verbreitet ist auch das Verteilen von Fragebögen zu Beginn des Assessment Centers. Während späterer Interviews können dann auf bestimmte Antworten noch nähere Informationen erfragt werden.

Um den Teilnehmern durch geschickte Fragen die gewünschten Informationen zu entlocken, werden die Fragesteller oft sorgfältig geschult. In der Regel werden Sie es also mit Interviewern zu tun haben, die auf diesem Gebiet fundierte Erfahrungen haben. Für Bewerber, die "von außen" kommen, nehmen solche Gespräche nicht selten den Charakter von Einstellungsinterviews an. Mit gezielten, oft anhand bestimmter Anforderungsmerkmale sorgfältig strukturierten Fragen, wird man danach forschen, inwieweit Sie die an die ausgeschriebene Stelle gestellten Anforderungen erfüllen.

Interviewtechnik - Wo Firmen Schwerpunkte legen

Ein Hauptziel des Interviews liegt im Herausfinden Ihrer Leistungs-motivation. Ein anderer Schwerpunkt wird darin liegen, Eindrücke über Ihre sozialen Fähigkeiten zu gewinnen.

Dabei konzentrieren sich die meisten AC-Interviews auf das Sammeln von Informationen über frühere oder auch gegenwärtige Verhaltens-weisen und den daraus resultierenden Ergebnissen. Gefragt wird aber auch nach Meinungen und Interessen des Interviewten. Mit den auf diese Weise gewonnenen Informationen erhoffen Beurteiler, Aufschluß über Ihre Motivationen und Einstellungen zu gewinnen.

Wichtig für die Beurteilung sind vielfach auch die Fragen der Kandidaten selbst. Oft werden dadurch einzelne Vorstellungen, Neigungen und Erwartungen besonders deutlich. Bestimmte Fragen lassen erkennen, wie weit sich der Interviewte bereits mit der angestrebten Position und ihren Besonderheiten auseinandergesetzt hat. Wie er die Aufgabenstellung der erstrebten Position aufnehmen und angehen würde.

Hypothetische Fragen wie: "Was würden Sie tun, wenn ..." gelten bei erfahrenen Fragestellern als ungeeignet. Zu leicht besteht die Möglichkeit, daß die Befragten solche Antworten wählen, wie für die ausgeschriebene Stelle sozial zu wünschen ist.

Um ein möglichst zuverlässiges Bild zu erhalten, stellen Interviewer stattdessen lieber Fragen, die nach bestimmten Situationen und Verhaltensweisen in der gegenwärtigen oder in früheren Positionen forschen. Verhaltensfragen bilden daher meistens einen gewichtigen Schwerpunkt. Beispiel:

- *"Beschreiben Sie eine bestimmte Situation, wenn Ihr Vorgesetzter / Ihre Mitarbeiter anderer Auffassung waren als Sie: Wie haben Sie sich verhalten? Was haben Sie getan, um Übereinstimmung herbeizuführen?"*

- *"Schildern Sie eine Arbeitssituation, die Sie als besonders belastend empfanden? Was haben Sie unternommen, um Ihre Anspannung abzubauen?"*

- *"Schildern Sie uns eine Begebenheit, bei der Sie einen besonders nachhaltigen Eindruck auf Ihre Kollegen/ Ihren Vorgesetzten gemacht haben? Auf welche Weise erreichten Sie diesen Eindruck?"*

- *"Nennen Sie uns eine Begebenheit, bei der Sie es für nötig hielten, mit Ihrem Vorgesetzten zu sprechen, bevor Sie aktiv wurden?"*

- *"Waren Sie schon einmal in der Situation, daß Sie ein vorgegebenes Ziel nicht erreicht haben? Was taten Sie da?"*

Bei der Auswertung solcher Fragen gehen Interviewer davon aus, daß das zukünftige Verhalten eines Menschen am besten vorhergesagt werden kann aufgrund seiner Verhaltensweisen in früheren, ähnlichen Situationen. Die Interpretationen Ihrer Antworten zu solchen Fragen können also mitunter recht weitreichend sein.

Knick im Lebenslauf - Knick in der Karriere?

Kern vieler AC-Interviews ist die Diskussion der bisherigen Laufbahn. Dabei wird man Ihr Beharrungsvermögen in den einzelnen Berufssituationen gern danach beurteilen, wie zielstrebig Sie Ihren bisherigen Werdegang gestaltet haben. Ähnlich wie bei Vorstellungsgesprächen ist auch hier mal wieder der vielzitierte rote Faden gefragt.

Zeigt Ihre bisherige Entwicklung einen nicht immer geradlinigen Verlauf, so sollten Ihre dafür angeführten Gründe plausibel sein. Umwege auf dem Wege zum einmal gesetzten Ziel müssen allerdings nicht notwendigerweise negativ zu Buche schlagen. Vor allem, wenn der Umweg auf Widerstände zurückzuführen ist, die durch diesen Schritt überwunden werden konnten, können auch ungewohnte Wege durchaus positiv bewertet werden. Lassen sie doch mitunter auf Eigenschaften wie Interessenvielfalt und Flexibilität schließen. Wer bewußt unkonventionelle Wege einschlug und trotz aller Hemmnisse sein Ziel erreicht hat, signalisiert sowohl Beharrlichkeit als auch Risikofreude. Auf Ihr Verhältnis zum Risiko zielen auch Fragen ab, die herausfinden wollen, wieweit Sie sich bei der Studien- oder Berufswahl von Ihren Interessen und nicht von berechenbaren Berufs- und Verdienstaussichten leiten ließen.

Vertrauen in die eigenen Fähigkeiten

Man wird auch darauf achten, wie Sie Ihren Werdegang schildern, wo Sie Schwerpunkte setzen: Liegt das Gewicht Ihrer Ausführungen mehr bei äußeren Umständen oder bei den eigenen Aufgaben? Beziehen Sie sich mehr auf Tätigkeiten oder auf Ergebnisse? Schildern Sie vor allem die sich aus Ihren früheren Aufgaben ergebenden Sachzwänge und Schwierigkeiten oder eher die Chancen und eigenen Initiativen, die sich aus Ihren Tätigkeiten ergaben? Vor allem aber: Aus welchen Motiven handelten Sie in den jeweiligen Situationen? Warum verfuhren Sie so und nicht anders? Das sind Themen, die den Interviewer interessieren werden.

Wichtig in diesem Zusammenhang ist auch, daß Sie bereits im Interview zeigen, Ihre zukünftige Position aktiv gestalten zu wollen und sich nicht nur damit begnügen, diese passiv zu übernehmen. "Was jemand mit Begeisterung anpackt, gelingt ihm meistens auch." Nicht selten lassen sich Beobachter bei der anschließenden Beurteilung von solchen Sätzen leiten. Wenn es Ihnen also gelingt, dem Interviewer ein positives, optimistisches Persönlichkeitsbild zu vermitteln, ist schon viel gewonnen.

Überzeugen durch Routine

Interviews kann man lernen. Üben Sie deshalb ruhig auch mal laut, so, als hätten Sie Ihren Gesprächspartner schon vor sich. Gesprochen klingt vieles ganz anders als nur still gedacht. Vielleicht findet sich sogar jemand, mit dem Sie das Gespräch dann wirklich als Rollenspiel üben können. Auf welche Fragen Sie sich vorbereiten sollten, zeigt Ihnen der unten aufgeführte Fragenkatalog.

Besonders wenn Sie allein üben, mag Ihnen das laute Reden vielleicht albern vorkommen, aber selbst gestandene Profis machen das. Durch lautes Sprechen werden Sie schneller und sicherer merken, an welchen Stellen Sie ins Stocken geraten könnten, wo es Ihnen an Überzeugungskraft fehlt und wo Ihnen die Argumente ausgehen. Probieren Sie auch alternative Argumente aus oder versuchen Sie, denselben Sachverhalt mal mit anderen Worten darzustellen. Ein Aspekt des Interviews wird nämlich auch die Beurteilung Ihrer Ausdrucksfähigkeit sein. Je besser Sie sich so vorbereiten, desto sicherer werden Sie sich fühlen, wenn es ernst wird. Das wird sich auch in Ihrer sozialen Ausstrahlung bemerkbar machen.

Die Frage nach dem Lebenslauf

"Erzählen Sie uns doch einmal Ihren bisherigen Werdegang"

Diese Frage ist als Gesprächseinleitung beliebt. Die so befragten Kandidaten sind mitunter etwas verwirrt. Ist doch zu vermuten, daß der Interviewer aus der Personalakte oder den Bewerbungsunterlagen über den bisherigen Werdegang in den wichtigsten Punkten unterrichtet ist. Was soll also diese Frage noch, wenn davon ausgegangen werden kann, daß die Daten dem Gesprächspartner schon bekannt sind?

Oft will der Interviewer Ihnen damit zu Beginn des Gesprächs eine Brücke bauen. Er will Ihnen helfen, Ihre Befangenheit zu nehmen, denn er geht davon aus, daß es am leichtesten fällt, über den eigenen Werdegang und die eigenen Erlebnisse zu erzählen. Die Schilderung des eigenen Lebenslaufs bietet allerdings auch gute Möglichkeiten, an bestimmte Passagen mit kritischen Fragen anzuknüpfen.

Natürlich bietet sich für den Interviewer auch eine gute Gelegenheit, erste Eindrücke vom sprachlichen Ausdrucksvermögen der Befragten zu erhalten, denn Antworten auf die Frage nach dem Lebenslauf fallen in der Regel etwas länger aus.

Es ist daher eine gute Vorbereitung, wenn Sie einige Male Ihren Lebenslauf laut aufsagen oder jemandem erzählen. Nicht immer ist es angebracht, im Vorstellungsgespräch seinen bisherigen Werdegang in voller Breite zu erzählen. Präparieren Sie sich aus diesem Grunde für eine Kurzfassung und eine ausführlichere Version.

AC-Interview - Mit diesen Fragen müssen Sie rechnen

Nicht selten werden Fragen gestellt, mit denen die Interviewten trotz Vorbereitung nicht gerechnet haben. Fragen, die beim Befragten Sachverhalte ergründen wollen, über die er selbst noch nie konkret nachgedacht hat, können besonders verunsichern. Durch eine sorgfältige

Vorbereitung auf mögliche Fragen, kann Ihnen das nicht so leicht passieren. Mit den nachfolgend aufgeführten Fragen müssen Sie im AC-Interview rechen:

- Wie läuft Ihr Arbeitstag zur Zeit normalerweise ab?

- Bereiten Sie sich auf Ihren Arbeitstag vor? Wenn ja, wie?

- Mit welchen Hilfsmitteln teilen Sie Ihre Berufszeit ein?

- Wie reagieren Sie, wenn Sie feststellen, daß Ihre Terminpläne durch unvorhersehbare Umstände durcheinandergeraten?

- Was würden Sie bei Ihrer gegenwärtigen Position unter "gute Arbeit machen" verstehen?

- Mit welchen Schritten, Maßnahmen, Methoden versuchen Sie, besonders komplexe Probleme zu lösen?

- Schildern Sie Ihr größtes berufliches Problem im letzten halben Jahr. Was haben Sie unternommen, um es zu lösen?

- Beschreiben Sie eine größere Aufgabe, für die Sie verantwortlich waren und bei der Sie so richtig gefordert wurden.

- Was haben Sie unternommen, um die Aufgabe erfolgreich durchzuführen?

- Mit welchen Mitteln oder Verhaltensweisen streben Sie an, daß Ihre Ideen durchgesetzt und akzeptiert werden?

- Wenn Sie Ihren derzeitigen Aufgabenbereich/Arbeitsplatz frei gestalten könnten: was würden Sie ändern und warum?

- Wie führen Sie Ihre Mitarbeiter zu effizienter Arbeit?

- Welche Mittel setzen Sie ein, um in Ihrem Bereich ein gutes Betriebsklima zu fördern?

- Wodurch motivieren Sie Ihre Mitarbeiter?

- Mußten Sie schon einmal einen Mitarbeiter kritisieren? Wie haben Sie das gemacht?

- Welches war Ihre schwierigste soziale Rolle in Ihrer gegenwärtigen Position?

- Auf welche Weise treten Sie normalerweise mit Mitarbeitern/Vorgesetzten in Kontakt: Schriftlich? Persönliches Gespräch? Telefon?

- Welche dieser Kontaktarten bevorzugen Sie, wenn Sie die Wahl haben?

- Welche Ihrer schriftlichen Aufgaben mögen Sie am wenigsten?
- Wie oft nehmen Sie an Konferenzen, Besprechungen oder anderen Gruppentreffen teil?
- Welche Rolle übernehmen Sie normalerweise bei diesen Zusammenkünften?
- Was ist an diesen Treffen gut, was könnte man besser machen?
- Wie fühlen Sie sich, wenn Sie vor einer Gruppe sprechen müssen?
- Wie reagieren Sie, wenn Sie merken, daß andere aggressiv oder unsachlich werden?
- Wie reagieren Sie auf oppositionelle Meinungen in einer Arbeitsgruppe? (möglicher Vergleich mit den Ergebnissen aus der Gruppendiskussion)
- Welche Umstände könnten dazu führen, daß Sie mit jemand anders aneinandergeraten?
- Wann sind Sie bei Ihren gegenwärtigen Aufgaben so richtig zufrieden?
- Warum sind Sie dann zufrieden?
- Was tun Sie für Ihre eigene berufliche Zufriedenheit und Entfaltung?
- Welche Ereignisse, Tätigkeiten oder sonstigen Umstände geben Ihnen das Gefühl, daß es wirklich lohnt, sich für eine berufliche Aufgabe zu engagieren?
- Was beherrschen Sie bei Ihren jetzigen beruflichen Tätigkeiten wirklich gut?
- Wie halten Sie sich fachlich fit?
- Gibt es bei der Ausübung Ihrer derzeitigen Position Fähigkeiten, Kenntnisse oder Talente, die nach Ihrer Ansicht nicht ausgeschöpft werden oder ungenutzt bleiben?
- Was müssen Sie Ihrer Meinung nach in Ihrer gegenwärtigen Situation noch lernen, um Ihre beruflichen Vorstellungen und Ziele zu verwirklichen?
- Welches sind Ihre nächsten Schritte dazu?
- Worauf führen Sie zurück, daß man Sie als Führungskraft ernannt hat?
- Welche drei wichtigen Ziele wollen Sie beruflich im nächsten Halbjahr erreichen?

- Wie würden Sie diese Ziele formulieren, damit Sie meßbar kontrollieren können, wie weit die Ziele realisiert worden sind?
- Was unternehmen Sie, um diese Ziele durchzusetzen?
- Mit welchen Widerständen müssen Sie dabei rechnen?
- Wie wollen Sie diese Widerstände überwinden?
- Was wollen Sie unternehmen, wenn Sie diese Ziele nicht erreichen?
- Wie verbringen Sie Ihre Freizeit?
- Wie aktiv sind Sie in Ihrem Freundeskreis?
- Was unternehmen Sie, wenn sich zwei Mitglieder aus Ihrem Freundeskreis streiten?

Machen Sie sich eine Argumentationsliste[1]. Suchen Sie möglichst viele Argumente. Setzen Sie sich gedanklich damit auseinander. Diese Übung ist nicht nur eine gute Vorbereitung für eventuelle Fragen, Sie werden auch selbst mehr Zuversicht bekommen und überzeugender auftreten.

Unbequeme Fragen

Setzen Sie sich ganz bewußt mit Fragen auseinander, die Sie in Verlegenheit bringen könnten. Sammeln Sie solche Fragen, und schreiben Sie sich diese auf. Überlegen Sie sich, wie Sie antworten wollen und sprechen Sie das Resultat mit Freunden und Bekannten durch.

Ihre Antworten sollten sachlich und knapp sein. Zu knappe Antworten werden allerdings als unhöflich oder Unsicherheit registriert. Also nicht zu zugeknöpft erscheinen.

Mit Urteilen über andere halten sich erfahrene AC-Teilnehmer zurück. Solche Äußerungen werden nämlich gern besonders kritisch beachtet und analysiert. Wenn sich eine Bewertung nicht vermeiden läßt, gestalten Sie Ihre Meinung über andere möglichst positiv. Schlechte Beurteilungen fallen leicht auf Sie zurück.

---

[1]Argumentationshilfen und einen Katalog der 100 häufigsten Fragen enthält das Buch "Fit fürs Bewerbungsgespräch" (vgl. Anhang)

Ähnliches gilt bei sogenannten projektiven Fragen, die den Bewerber veranlassen sollen, über die Verhaltensweise eines anderen zu sprechen. Dabei wird angenommen, daß Sie sich im Geiste in die Person hineinprojizieren, auf welche sich die Frage bezog, während die Antwort in Wahrheit Ihre eigene Einstellung zum Thema widerspiegelt. Mit projektiven Fragen müssen Sie rechnen, wenn man bei bestimmten Themen erhofft, durch diese indirekte Art mehr und ehrlichere Informationen zu erhalten, als durch direktes Fragen zu erwarten ist.

Argumentationshilfen

"Wie beurteilen Sie Ihren bisherigen Werdegang"

Eine Frage, bei der Sie Selbstbewußtsein zeigen können, wenn Sie Ihre bisherigen Berufsstationen und die damit verbundenen Entscheidungen positiv sehen. Hier ist nicht der Ort, zu diskutieren, oder sich gar zu entschuldigen, was man vielleicht besser hätte machen sollen.

Machen Sie deutlich, daß Sie mit Ihrem bisherigen Werdegang zufrieden sind und daß Ihre berufliche Entwicklung logisch und folgerichtig war. Es wäre natürlich geschickt, wenn Sie verdeutlichen könnten, daß ein Aufstieg in diesem Unternehmen ein weiterer folgerichtiger Schritt für Ihre Entwicklung wäre.

"Welches war der schmerzlichste Mißerfolg in Ihrem beruflichen Leben?"

Noch eine Frage, die darauf abzielt, Persönlichkeitsmerkmale zu erkennen. Aus der Art, wie Sie einen bedeutsamen Mißerfolg schildern und über diesen sprechen, erhofft man sich Aufschlüsse über die Ausprägung Ihres Vertrauens in die eigenen Fähigkeiten.

Wer hierbei die Schuld am Scheitern vorzugsweise äußeren Umständen oder anderen Personen zuschiebt, gerät leicht in den Verdacht fehlenden Selbstvertrauens und vordergründiger Selbstüberschätzung. Fragen nach

Mißerfolgen stehen in engem Zusammenhang mit Fragen nach Ihren Erfolgen:

"Welches war Ihr bisher größter beruflicher Erfolg?"

Diese Frage zielt ebenfalls auf Ihr Selbstbild ab. Dabei wird von vielen Interviewern positiv vermerkt, wenn Sie bei der Darstellung Ihrer Erfolge nicht versäumen, auch die Verdienste und Beiträge anderer zu verschweigen. Assessoren gehen vielfach davon aus, daß Kandidaten, die genug Selbstvertrauen besitzen, auch bereit sind, in angemessener Weise über ihre Schwächen zu sprechen. Destruktive Selbstkritik ist damit allerdings nicht gemeint.

"Arbeiten Sie lieber mit Zahlen oder mit der Sprache?"

Gemessen an der Position, auf die man sich bewirbt, sollte die Frage sich eigentlich von selbst beantworten. Doch Vorsicht: Wer zu erkennen gibt, daß er sich ungern Aufgaben stellt, die sprachliches Geschick erfordern, kann leicht in den Ruf geraten, daß sein Kontaktinteresse anderen gegenüber geringer ausgeprägt ist. Wer das vermeiden möchte, kann auch betonen, daß er auf beiden Gebieten fit ist und sowohl mit der Sprache als auch mit Zahlen überzeugend umgehen kann.

"Was versprechen Sie sich von der ausgeschriebenen Position/ von einem Aufstieg?"

Wer sich zu dieser Frage erst dann Gedanken macht, wenn er danach gefragt wird, sieht im Interview meist kläglich aus. Über Ihre Motive sollten Sie sich schon vorher im klaren sein. Unterstreichen Sie die positiven Aspekte der zu erwartenden Aufgaben und die sich daraus ergebenden Konsequenzen für Ihr berufliches Vorankommen.

"Was interessiert Sie an dieser Position am meisten?"

Auch mit dieser Frage möchte man Aufschluß über Ihre Motivationsgründe und Ihre Einstellung zum Beruf gewinnen. Antworten, die auf ein gutes Einkommen oder besondere Vergünstigungen anspielen, führen in der Regel nicht gerade zu einer positiven Bewertung. Stattdessen sollten Sie lieber Ihr Interesse an den neuen Aufgaben anführen, an der

Veränderung Ihres Berufsfeldes, und nicht zuletzt auch den Reiz der Herausforderung bekunden, sich wieder neu bewähren zu müssen.

"Worin liegen Ihre Interessensschwerpunkte?"

Eine weitere Frage, die geeignet ist, Ihre Haltung zur vom Unternehmen ausgeschriebenen Stelle zu überprüfen. Wer hier Dinge anführt, die mit der angestrebten Position nur schwer vereinbar sind, disqualifiziert sich selbst. Die Antwort sollte mit der angestrebten Position schon im Einklang stehen. Mit Hobbies und anderen Interessensgebieten, die im Bereich der Freizeitgestaltung liegen, seien Sie lieber zurückhaltend.

"Warum meinen Sie, daß wir die neue Position gerade mit Ihnen besetzen sollten?"

Mit solchen Fragen soll das Selbstbewußtsein geprüft werden. Man kann geteilter Meinung darüber sein, ob so eine Frage noch als sachlich gelten kann oder ob sie nicht schon in Richtung Streßinterview abgleitet. Fragen dieser Art bewegen sich schon am Rande der Unsachlichkeit. Kommen sie überraschend, so können sie einen ziemlich unter Streß setzen. Vielleicht wäre statt einer Antwort mitunter eine Gegenfrage angebracht:

"Was spräche dagegen?"

Wollen Sie positiv reagieren, so verweisen Sie am besten auf Ihre Qualifikationen und Ihre bisherigen Leistungen.

"In der neuen Position werden Sie viel reisen müssen. Wären Sie bereit, überall hinzugehen, wohin die Firma Sie schickt?"

Eine Frage, die offenbar bewußt sehr global formuliert ist. Sie spielt auf Ihre Bereitschaft zur Mobilität an. Auf allgemeine Fragen kann man auch allgemein antworten. Ein "grundsätzlich ja" kann nicht schaden, im konkreten Einzelfall können Sie dann immer noch entscheiden, ob Sie bereit sind, zu reisen oder umzuziehen. Allerdings wird hier ein grundsätzliches Thema angesprochen, welches wohlüberlegt sein will. Vor allem von Berufsanfängern wird die Bedeutung eines Ortswechsels und die damit einhergehende oft tiefgreifende Veränderung auch im sozialen Umfeld unterschätzt.

Denken Sie schon rechtzeitig kritisch darüber nach, ob Sie wirklich bereit sind, an einen anderen Ort zu ziehen, oder ob Sie ständig auf Reisen sein wollen. Welche Konsequenzen ergäben sich daraus? Welche Vorteile? Welche Nachteile? Wie würde sich mein Privatleben verändern? Will ich das wirklich?

Es ist nicht jedermanns Sache, über längere Zeiträume nur in Hotels und aus dem Koffer zu leben. Der touristische Aspekt geht bei Geschäftsreisen schnell verloren. Andererseits sind gerade Berufe, in denen man viel herumkommt, oft besonders interessant und bieten mehr Abwechslung. Vielfach hat man bei solchen Tätigkeiten auch größere Freiräume zur Selbstverwirklichung - die entsprechende Mentalität vorausgesetzt.

"Gibt es Probleme mit Ihrer Gesundheit?"

Fragen nach der Gesundheit sind grundsätzlich nur erlaubt, wenn sie in direktem Zusammenhang mit der ausgeschriebenen Stellung stehen.

CHECKLISTE - So analysieren Sie das Interview

Gespräch am: Uhrzeit von: bis:

Mit wem habe ich gesprochen?
Persönlicher Eindruck?

Gesprächsklima:

Wie verlief das Gespräch insgesamt?
Welche Gesprächspassagen verliefen gut?
Welche Wirkung ging von mir aus?
Hat sich die Atmosphäre irgendwann verändert?
Womit bin ich unzufrieden und warum?

Interview:

Welche Fragen wurden mir gestellt?

Welche Punkte meines Lebenslaufs wurden besonders
angesprochen?

Wie habe ich geantwortet?

Wo zeigte man besonderes Interesse?

Bei welchen Fragen hatte ich Schwierigkeiten mit der Antwort?

Gibt es noch offene Fragen, Mißverständnisse, Unklarheiten?

Kritik:

Was habe ich gut gemacht?

Was hätte ich besser machen sollen?

(Wo hatte ich Schwierigkeiten oder Schwächen?)

Was würde ich nächstes Mal besser machen und wie?

7

Tests
- Etikettenschwindel?

Etikettenschwindel?

Für ein sorgfältig und professionell ausgearbeitetes Assessment Center kennzeichnend ist unter anderem seine Realitätsbezogenheit. Geprüft werden sollen vor allem Eigenschaften und Fähigkeiten, die hinsichtlich der ausgeschriebenen Position tatsächlich von Bedeutung sind. Dazu werden die Getesteten mit Aufgaben konfrontiert, welche die in Zusammenhang mit der ausgeschriebenen Position stehenden Probleme und den sich daraus ergebenden Anforderungen möglichst wirklichkeitsnah simulieren.

Wer Aufgaben und Tests zum Einsatz bringt, die den Realitätsbezug weitgehend vermissen lassen, tut sich damit einen fragwürdigen Dienst. Können doch solche Instrumente unter Umständen die Qualität des gesamten Beurteilungsverfahrens und damit auch der daraus resultierenden Personalentscheidungen in Frage stellen.

Es läßt sich darüber streiten, ob für ein Auswahlverfahren, welches überwiegend aus psychologischen Tests, dagegen aber nur unzureichend aus realitätsbezogenen Aufgaben besteht, der Name Assessment Center noch zutreffend ist. Mitunter entsteht der Eindruck, daß den vom Veranstalter schon immer praktizierten - und oft für teures Geld eingekauften - Testbatterien lediglich ein neuer Name aufgesetzt wurde, um dem Verfahren den Anschein größerer Aktualität zu geben. Der Inhalt jedoch ist der Gleiche geblieben.

Das Assessment Center wird gegenwärtig von vielen als ein recht erfolgversprechender Ansatz zur Personalauswahl angesehen. Die Gefahr ist groß, daß dieser Ruf durch den Einsatz methodisch und rechtlich fragwürdiger Testverfahren einzelner Anwender in Mißkredit gerät.

Zweifel an der Aussage

An der Eignungsbeurteilung durch psychologische Testverfahren scheiden sich auch gelehrte Geister. So erfreut sich keiner der zur Auswahl von Führungskräften praktizierten psychologischen Tests allgemeiner wissenschaftlicher Anerkennung. Während nicht wenige

Personalleute trotz massiver Kritik glauben, durch die Anwendung psychologischer Testsverfahren leistungsbereite, belastbare und willensstarke Mitarbeiter ausfiltern zu können, sprechen Kritiker von unnötiger und unzulässiger "Seelen-Schnüffelei", die den Rahmen des Angemessenen nicht selten überschreitet.

Viele dieser Tests halten wissenschaftlicher Kritik nicht stand. Nicht selten verstoßen sie gegen die elementarsten Regeln der Testpsychologie und orientieren sich an höchst zweifelhaften Kriterien zur Bewerberauswahl. Nicht wenige Psychologen bezweifeln, ob die Tests wirklich das messen, was sie zu messen vorgeben.

Kritische Anmerkungen kommen jedoch nicht nur von Seiten der Psychologen. Auch Arbeitsrechtler sehen Probleme: So wird vielfach darauf hingewiesen, daß dem zu Beurteilenden nur solche Fragen vorgelegt werden dürfen, aus denen ein eindeutiger Bezug zum Arbeitsplatz ersichtlich ist. Bereits aus diesem Grunde sind die meisten der zum Einsatz kommenden Testverfahren für die Auswahl von Führungskräften ungeeignet. Was immer sie auch erfassen mögen, für die Realität am Arbeitsplatz ist es ohne Bedeutung. Stattdessen dringen Auslesetests mitunter auf ungesetzliche Weise tief in die Intimsphäre der Betroffenen ein, ohne daß diese es wissen und wollen. Vielfach streben diese Verfahren mehr danach, die Schwächen ihrer Opfer bloßzulegen, als deren Stärken aufzuzeigen. Von wohlwollender "Potential-Beurteilung" kann in solchen Fällen keine Rede mehr sein.

Mißbräuchlich angewendet widersprechen Tests zur Auslese von Führungskräften nicht selten ihrem ursprünglichen Einsatzzweck. Die meisten dieser Tests stammen aus dem Bereich der klinischen Psychologie. Konstruiert wurden sie zu diagnostischen Zwecken. Ableiten lassen sich meistens nur Aussagen über die momentane Situation, was der Zielsetzung eines Assessment Centers - nämlich prognostische Aussagen zu treffen - nicht entspricht.

Zwar mag es stimmen, daß die Antworten zu therapeutischen Zwecken wertfrei gesehen werden, denn hier ist das Ziel, dem Patienten zu helfen. Bei der Anwendung von Tests zur Personalauslese handelt es sich jedoch letztlich um rein kommerzielle Interessen. Geholfen werden soll vor allem dem Auftraggeber und das sind in der Regel nicht Sie.

Geheimniskrämerei

Ein weiterer Grundgedanke des Assessment Centers liegt in der Art des Beurteilungsverfahrens. Viele Unternehmen legen großen Wert darauf, daß auch für die Teilnehmer transparent bleibt, warum und aufgrund welcher Kriterien sie entsprechend beurteilt und eingeschätzt wurden. Auf diese Weise soll den AC-Teilnehmern ein möglichst großes Maß an Fairneß entgegengebracht werden.

Bei der Anwendung psychologischer Testverfahren hingegen bleibt die Situation für viele undurchschaubar. Nur die wenigsten Kandidaten wissen, was da eigentlich genau mit ihnen passiert. Stattdessen hüten Psycho-Tester ihre Rezepte oft wie eine Geheimwissenschaft. Nicht selten werden die gewünschten Informationen den Getesteten gezielt vorenthalten, die wahren Sachverhalte verschleiert, die Geprüften bewußt verunsichert.

Nur allzu viele Anwärter auf eine Führungsposition haben schmerzlich am eigenen Leibe erfahren müssen: Unerwünschte Antworten in psychologischen Fragebögen können dazu führen, daß die Firma sich abrupt vom Kandidaten abwendet und sich von ihm distanziert. Die Frage nach dem "warum" wird oft nur unbefriedigend beantwortet. Zurück bleiben Verunsicherung, Frustration und das unwohle Gefühl, ein Mensch zweiter Klasse zu sein. Den so Beurteilten - oft Verurteilten - tut man nicht selten grobes Unrecht an.

Das mit solchen möglichen Fehlurteilen einhergehende Unbehagen hat viele AC-Veranstalter dazu geführt, auf die umstrittenen Persönlichkeitstests ganz zu verzichten. Unternehmen, die ernsthaft darum bemüht sind, ein faires Assessment Center durchzuführen, bedienen sich nur noch solcher Testverfahren, deren Realitätsbezug und Transparenz für alle Beteiligten eindeutig nachvollziehbar ist.

Leider sehen sich viele AC-Teilnehmer dennoch mit den Aufgaben solcher Tests konfrontiert. Solange sie an der Position interessiert sind, bleibt meistens nichts anderes übrig, als auch diese Tests zu bearbeiten. Andernfalls riskieren sie, bei der Stellenvergabe von vornherein auszuscheiden.

Leistungstests und Persönlichkeitstests
- Worin liegt der Unterschied?

Bei den Tests zur Personalauslese müssen Sie zwischen zwei Arten unterscheiden: Leistungstests und Persönlichkeitstests.

Worin liegt der Unterschied?

Leistungstests wollen Kenntnisse und Fähigkeiten prüfen, die vom Unternehmen zur Ausübung bestimmter Tätigkeiten für nötig gehalten werden. Beispielsweise gibt es Tests zur Beurteilung der Geschicklichkeit, der Konzentrationsfähigkeit, oder des Allgemeinwissens. Andere messen das räumliche Vorstellungsvermögen, Rechenfertigkeiten, Rechtschreibung oder das logische Denken. Zum Gebiet der Leistungstests gehören auch Wissensprüfungen. Mit ihrer Hilfe will man sich ein Bild vom Umfang bestimmter Kenntnisse des Kandidaten machen.

Persönlichkeitstests dagegen sollen Aufschluß über bestimmte Charakter- und Wesensmerkmale geben. Gefragt ist die Seele. So wollen Unternehmen mit Hilfe ausgeklügelter Fragebögen beispielsweise herausfinden, wie kontaktfreudig Sie sind, ob Sie Dominanzstreben besitzen, wie ausgeprägt Ihr Leistungswille und Ihr Durchsetzungsvermögen sind. Mit Fragen, deren Sinn Uneingeweihten oft nicht erkennbar ist, sollen beim Bewerber auch Charakterschwächen aufgedeckt werden wie etwa Labilität, verborgene Ängste, Aggressionen.

Persönlichkeitstests
- Gescheitert an den eigenen Antworten

Wenn es um die Besetzung von Führungspositionen geht, legen Unternehmen vor allem auf bestimmte Persönlichkeitsmerkmale Wert. Hatten die Kandidaten doch in der Regel schon vorher Gelegenheit, ihre fachlichen Qualitäten unter Beweis zu stellen. Umfragen von Wirtschaftsinstituten haben ergeben, daß 9 von 10 Industrieunternehmen Psycho-Auslese betreiben.

Als Bewerber auf eine Führungsposition müssen Sie daher besonders mit Persönlichkeitstests rechnen. Leistungstests sind eher beliebt bei der Auswahl Jugendlicher für die Besetzung von Ausbildungsplätzen.

Immer wieder scheitern qualifizierte Kandidaten an den scheinbar harmlos klingenden Fragen von Psycho-Tests. Zwar bereiten sie sich meistens auf die Aufgaben von Leistungstests vor, die Bedeutung von Persönlichkeitstests jedoch wird oft unterschätzt. Für viele hat das fatale Folgen: Weist das Testergebnis bestimmte, für die ausgeschriebene Position unerwünschte Charaktereigenschaften aus, so können die übrigen Leistungen noch so vielversprechend sein - für die angestrebte Stelle kommt der Kandidat oft nicht mehr in Frage.

Die Seele als Torte

Die Arglosigkeit der Getesteten ausnutzend, werden diese oft mit raffinierten Methoden nach allen Regeln der Kunst ausgefragt und seelisch durchleuchtet. Ohne es zu wissen, werden Stellenanwärter nicht selten auf entwürdigende Weise zu Untersuchungsobjekten degradiert, die man beliebig registrieren und katalogisieren kann.

Was allerdings Persönlichkeit ist, weiß niemand genau, auch Personaltester nicht. Einige sprechen von "Temperament" und "Wesensschicht", andere benutzen so verschwommene Ausdrücke wie "Qualität des Seins" oder "wesensmäßige Grundeinstellung".

Fast alle Charakterfragebögen beruhen auf der Annahme, daß die menschliche Persönlichkeit einer Torte ähnelt, die der Tester in einzelne "Wesensstücke" oder "Wesensschichten" zerteilen und mit einer Reihe von Fragen ausloten kann. Allerdings gehen die Meinungen schon bei der Aufteilung auseinander. Während einige Tester glauben, daß die menschliche Seele in mindestens sechzehn Teile zerlegt werden muß, meinen andere, sieben reichten auch, um ein "umfassendes Bild der Persönlichkeit zu liefern". Wiederum andere halbieren unsere Psyche. Wie allerdings die so zerlegten Wesensteile sich gegenseitig beeinflussen bleibt völlig offen.

Kann man sich auf Persönlichkeitstests vorbereiten?

Befragt man Testkonstrukteure, so erhält man meistens die Antwort, daß es nicht möglich ist, sich auf die Fragen von Persönlichkeitstests vorzubereiten. Solche Behauptungen haben einen nützlichen Nebeneffekt: Sie tragen nicht unwesentlich zum Schutz der eigenen Tests bei.

Wer sich jedoch vorher über diese Tests informierte und weiß, in welcher Weise die einzelnen Fragen interpretiert werden, hat eindeutig Vorteile. [1]

Immer wieder zeigt sich, daß Persönlichkeitsfragebögen von denen, die die Fragen durchschauen, in der Aussage leicht beeinflußbar sind. Regelmäßig beantworten clevere und informierte Bewerber ihren Fragebogen nicht so, wie es ihrer tatsächlichen Verhaltensweise entspräche, sondern so, wie es im Hinblick auf die angestrebte Stelle sozial erwünscht ist. Das hat zur Folge, daß diejenigen, die treuherzig offene und ehrliche Antworten geben, ins Hintertreffen geraten gegenüber Konkurrenten, die den Test so manipulieren können, daß sie einen herausragenden Eindruck machen.

Lügenfallen - Ehrlichkeit als Kriterium

Daß auch Testkonstrukteure die Manipulation von Persönlichkeitsfragebögen nicht ausschließen, zeigt die Existenz von Lügenfallen.

Um Täuscher zu fangen, die darauf aus sind, einen überragenden Eindruck zu machen, hat man in einige Persönlichkeitstests spezielle Kontrollfragen eingebaut. Diese Fragen sollen die Ehrlichkeit der Getesteten überprüfen. Im Fachjargon nennt man sie daher auch Lügenfallen oder Lügenskalen.

Vielfach beschäftigen sich diese Fragen mit kleinen menschlichen Schwächen, von denen Tester annehmen, daß niemand frei davon ist.

---

[1] Sehr detaillierte Hinweise und Lösungen für Management-Tests gibt das Buch von Klein, M.: "Tests für Hochschulabsolventen u. Führungskräfte" (vgl. Anhang)

Geben Sie die kleinen Fehler nicht zu, wird Ihnen das als unehrlich angekreidet. Hat man zuviele solcher Fragen "falsch" beantwortet, gerät die Aufrichtigkeit in Zweifel. Zuviele "richtige" Antworten können wiederum als zu angepaßt interpretiert werden. Auch gerade kein erstrebenswertes Attribut, wenn man sich um eine Führungsposition bemüht. Nicht wenige Psychologen bezweifeln übrigens die Aussagefähigkeit solcher Lügenskalen.

Woran erkennt man Lügenfallen?

Achten Sie besonders auf Fragen, die absolute Ansprüche stellen oder nach nur selten anzutreffenden Eigenschaften fahnden:

- *"Ich komme nie zu spät zu einer Verabredung"*
- *"Bevor ich mich entscheide, informiere ich mich immer gründlich über eine Sache"*
- *"Ich habe in meinem Leben immer die Ziele erreicht, die ich mir gesetzt habe."*

Solchen Aussagen sollten Sie nicht immer zustimmen. Sie geraten sonst in den Verdacht der Unehrlichkeit. Man gilt als ehrlicher Mensch, wenn man rund die Hälfte der abgefragten Menschlichkeiten eingesteht. Wer allerdings zuviele Schwächen zugibt, gerät in den Verdacht überhöhter Selbstkritik.

Mit welchen Tests müssen Sie rechnen?

Zahlreich sind die zur Personalauslese gebräuchlichen Psycho-Fragebögen und ständig kommen neue dazu. Selbst Fachleuten fällt es schwer, die Übersicht zu behalten. Wer als Stellenanwärter alle Tests kennenlernen wollte, wäre schnell überfordert.

Zur Auslese von Führungskräften weit verbreitet sind die folgenden Tests. Sie nehmen im Personalwesen eine gewisse Schlüsselposition ein. Die Struktur anderer Psycho-Tests ist so ähnlich, daß oft sogar die Fragen fast wörtlich übernommen wurden. Mitunter werden die Fragen einzelner Tests auch miteinander vermischt zu einem neuen Persönlichkeits-Quiz. Ein Verfahren, das nach Meinung vieler Fachleute gegen elementare Grundsätze der Testpsychologie verstößt. Kein Wunder, daß die aufgrund solcher Mischtests getroffenen Eignungsbeurteilungen vielfach jeder wissenschaftlichen Grundlage entbehren.

16 - PF

Im Einsatz für die Personalauslese gehört der 16-PF mit Abstand zu den verbreitetsten Persönlichkeitstests. Er gibt vor, die wichtigsten Charaktermerkmale zu messen. Dazu zerlegt er die menschliche Seele in 16 Persönlichkeitsfaktoren, die dann in einem sogenannten Eignungsprofil grafisch dargestellt und mit einem Idealprofil verglichen werden (vgl. Abb. 14). Testgläubige nehmen solche Profile sehr ernst. Ein Kandidat ist für die Position geeignet, wenn seine Antworten reibungslos mit denen seines statistischen Idealkollegen übereinstimmen. Besonders im Vertrieb orientieren sich immer mehr Unternehmen an sogenannten Gruppenprofilen. Dazu werden zunächst besonders gute aber auch besonders schlechte Mitarbeiter des Unternehmens zur Erstellung von Durchschnittsprofilen getestet. Der anschließende Vergleich mit den Werten des Stellenanwärters bestimmt für viele die weitere Laufbahn: Je nach Übereinstimmung entscheidet man sich für oder gegen den Kandidaten.

Mit den ersten Skalen A,B,C und E will man sogenannte Grundwesenszüge messen. Es handelt sich um die Eigenschaften Kontaktfreudigkeit, Intelligenz, emotionale Störbarkeit und Dominanzstreben. Hier hohe Punktwerte zu haben ist grundsätzlich nicht von Nachteil, gleichgültig welchem Berufszweig Sie angehören. Typische Fragen hierzu sind:

Kontaktfreudigkeit:

"Bei gleichem Gehalt und gleicher Arbeitszeit wäre ich lieber
a) Förster b) unsicher c) Lehrer"

    c) Tendenz zu den Wesenszügen kontaktfreudig, gutmütig, aufgeschlossen, offen, warmherzig.

    a) Tendenz zu den Wesenszügen rechthaberisch, reserviert, gefühlskalt, mißtrauisch, griesgrämig.

Intelligenz:

"'Milligramm' verhält sich zu 'Zentner' wie 'Seemeile' zu
a) Dezimeter b) Kubikmeter c) Entfernung"

Interpretation:

    a) einhergehend mit: Intelligenz; eher an abstraktes Denken gewöhnt; begreift und lernt eher schnell

    b) und c) einhergehend mit den Eigenschaften: begreift und lernt eher weniger schnell; eher an konkretes, gegenständliches Denken gewöhnt; eher weniger geeignet, schwierige und komplizierte Probleme zu lösen.

Emotionale Störbarkeit:

"Ich fühle mich von meinen Freunden zuweilen im Stich gelassen.
a) stimmt b) dazwischen c) stimmt nicht"

Interpretation:

    a) einhergehend mit den Eigenschaften: geringer belastbar, gibt schneller auf; geringe Entschlußkraft; läßt sich leichter bei der Arbeit ablenken; ärgert sich leicht.

    c) einhergehend mit den Eigenschaften: läßt sich nicht leicht beunruhigen; übersteht leichter kritische Situationen; denkt realistisch.

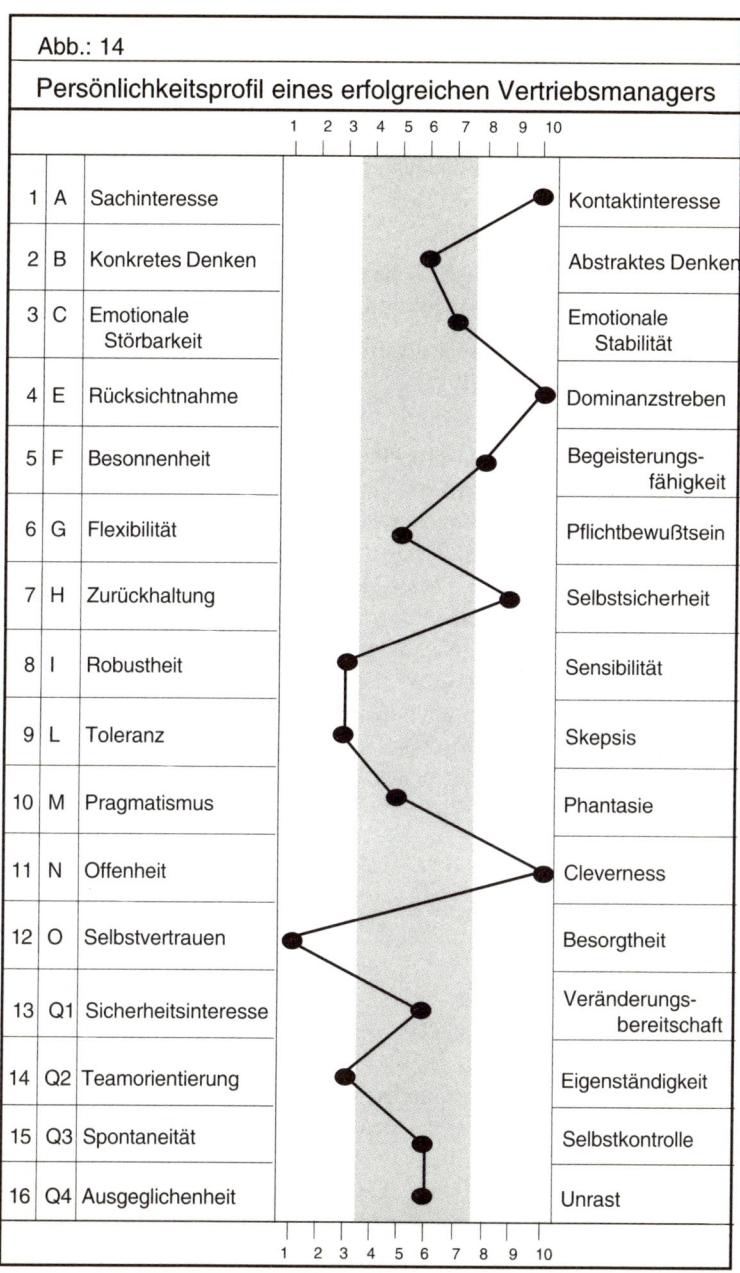

Abb.: 14

Persönlichkeitsprofil eines erfolgreichen Vertriebsmanagers

			1 2 3 4 5 6 7 8 9 10	
1	A	Sachinteresse		Kontaktinteresse
2	B	Konkretes Denken		Abstraktes Denken
3	C	Emotionale Störbarkeit		Emotionale Stabilität
4	E	Rücksichtnahme		Dominanzstreben
5	F	Besonnenheit		Begeisterungs- fähigkeit
6	G	Flexibilität		Pflichtbewußtsein
7	H	Zurückhaltung		Selbstsicherheit
8	I	Robustheit		Sensibilität
9	L	Toleranz		Skepsis
10	M	Pragmatismus		Phantasie
11	N	Offenheit		Cleverness
12	O	Selbstvertrauen		Besorgtheit
13	Q1	Sicherheitsinteresse		Veränderungs- bereitschaft
14	Q2	Teamorientierung		Eigenständigkeit
15	Q3	Spontaneität		Selbstkontrolle
16	Q4	Ausgeglichenheit		Unrast

(Quelle: Klein; Tests für Hochschulabsolventen und Führungskräfte)

139

Dominanzstreben:

"Wenn man mich in einem großen Geschäft nicht so bedient, wie ich es wünsche, gehe ich ohne zu zögern zum Vorgesetzten.
a) stimmt b) dazwischen c) stimmt nicht"

Interpretation:

a) einhergehend mit Entscheidungsfreude, Selbstbewußtsein, Durchsetzungsvermögen

c) einhergehend mit beeinflußbar; angepaßt; geringe Widerstandskraft

Rund zwei Drittel der deutschen Personalberater sollen den 16-PF für die Bewerberauslese benutzen. Laut Angaben der Testanbieter soll dieser Fragebogen ein "umfassendes Bild der Persönlichkeit" liefern. Wen wundert es da, daß dieser Test auch im Assessment Center vieler Firmen zum Einsatz kommt. Mit 12 Fragen pro Faktor will er Auskünfte über das seelische Innenleben seiner Prüflinge einholen. Bei 16 Faktoren sind das also 192 Fragen, die Kandidaten mit "stimmt", "dazwischen" oder "stimmt nicht" beantworten müssen. Auch wenn die mittlere Antwort einen neutralen Standpunkt einnimmt, hilft sie den Befragten wenig. Wer sich zu oft in diese Antworten flüchtet, kann leicht als entscheidungsschwach oder unsicher eingestuft werden. Bei zuvielen "dazwischen" können Auswerter mit dem Test nämlich nichts mehr anfangen.

Trotz der weiten Verbreitung sind die Aussagen des 16-PF unter Fachleuten umstritten. Im Vergleich zu den weitreichenden Interpretationen wird der Test für zu oberflächlich gehalten.

Schon die Methodik der Faktorgewinnung trifft auf massive Kritik. Was gegenüber Testkäufern als "umfassende Persönlichkeitsbeschreibung" angepriesen wird, bezeichnen andere Psychologen als "kuriose Mischung aus wissenschaftlicher Methodik und theoretischer Spekulation".

Dem Testautor wird vorgeworfen, daß er des öfteren versucht, Plausibilitätsüberlegungen und Spekulationen mit Tatsachen gleichzusetzen. Dennoch meinen einige AC-Veranstalter leider, auf diesen Test nicht verzichten zu können. Sollten Sie jedoch an den Fragen des 16-PF einmal scheitern, brauchen Sie sich deshalb wirklich nicht geringer einzuschätzen.

MMPI

Zu den Bestsellern im Testgewerbe gehört auch das Minnesota Multiphasic Personality Inventory (MMPI). So monströs wie sein Name ist auch sein Umfang. Für eine "umfassende Darstellung der Persönlichkeit" traktiert der Test die Prüflinge mit einer Unmenge von Fragen. An Quantität überflügelt er mit 566 Statements so ziemlich alles, was es sonst noch an Psycho-Fragebögen gibt. An Qualität liegt er mit anderen Tests im Trend. Er ist nur noch unzuverlässiger in der Aussage.

Sollte man Ihnen den MMPI vorsetzen, überlegen Sie sich genau, ob Sie sich diesem Quizmonster unterziehen wollen: Am wenigsten mißt dieser Test Ihre berufliche Eignung. Vielmehr versucht er zu ergründen, in welchem Maße Ihr Persönlichkeitsbild psychisch krankhafte Züge trägt.

Das entspricht auch seiner Zielsetzung: Laut Handbuch dient er der diagnostischen Bestimmung von Persönlichkeitszügen, "die charakteristisch für krankhafte oder in anderer Weise störende psychische Anfälligkeiten sind." Grundgedanke dieses Fragebogens ist also, psychische Abnormitäten festzustellen und auf diese Weise Geistes- und Verhaltensgestörte von seelisch gesunden Personen zu unterscheiden.

Wen wundert es da, daß die Skalen des MMPI eine bedrückende Auflistung krankhafter Wesenszüge bilden - eben für die Diagnose in Nervenheilanstalten. Angesichts des immer mehr in den Vordergrund tretenden Einsatzes für seelisch Gesunde bildeten sie wohl bei den Betroffenen nur allzu oft einen Stein des Anstoßes.

Die zum Teil massive Kritik hat jedoch noch lange nicht dazu geführt, die Fehlanwendungen des MMPI einzugestehen und ihn von der Liste der Instrumente zur Personalauslese zu streichen. Stattdessen ließ man die Skalenbezeichnungen im öffentlichen Gebrauch fortfallen und numerierte die Skalen einfach durch. Eine Verschleierung, die an den

Aussagen letztlich nichts ändert, den Test aber vor einem Großteil der öffentlichen Kritik abschirmt. Abb. 15 zeigt Ihnen, welche Wesensmerkmale sich hinter den Skalennummern verbergen.

Entsprechend zudringlich und überzogen sind die Fragen. Nur noch mit blanker Neugierde lassen sich gegenüber Stellenanwärtern folgende Fragen begründen:

- *"Ich träume häufig von Sachen, die ich am besten für mich behalte."*
- *"Ich bin überzeugt, daß es nur eine wahre Religion gibt."*
- *"Manchmal kommen mir seltsame Gerüche."*
- *"Auf der Straße achte ich sorgfältig darauf, nicht auf die Fugen zwischen den Bürgersteinplatten zu treten."*
- *"Ich träume viel von sexuellen Dingen."*
- *"Ich muß öfters als andere Wasser lassen."*

Selbst die Frage nach der "weichen Birne" läßt er nicht aus:

- *"Meine Schädeldecke fühlt sich manchmal weich an"*

Glauben Sie beispielsweise nicht an eine Wiederkunft Christi, geraten Sie in den Verdacht, depressiv zu sein. Wer dagegen gern Mitglied mehrerer Vereine wäre oder zugibt, daß er bei Wahlen auch mal für Leute stimmt, von denen er zu wenig weiß, beweist angeblich Führungsqualitäten.

Mit seinem nahezu unerschöpflichen Fragenvorrat bildet der Test einen Tummelplatz statistischer Zahlenmanipulationen. Es verwundert daher nicht, daß die rund 566 Fragen außer für die ursprünglichen 10 Wesensmerkmale noch für weitere 213 Skalen herhalten mußten, die teilweise geradezu Wunderdinge erwarten lassen. Demnach soll das MMPI nicht nur Gütekriterien für den Erfolg von Führungskräften liefern, sondern sogar bei der Wahl der Säuglingsernährung oder beim Aussieben von Leuten mit der Neigung zu Rückenschmerzen dienlich sein.

Abb. 15		
Die Skalen des MMPI und ihre Bedeutung		
Skala	Bezeichnung	Bedeutung
1	Hypochondrie (Hs)	abnorme Beschäftigung mit der eigenen Gesundheit, wobei selbst harmlose Beschwerden vom Befragten als Krankheit gedeutet werden; Tendenzen zu pessimistisch verzagter Lebenseinstellung.
2	Depression (D)	Pessimismus; wenig Kampfgeist; geringe Leistungsmotivation.
3	Hysterie (Hy)	Neigung zu körperlichen Funktionsstörungen infolge seelischer Erregungszustände, z.B. Schrei- oder Weinanfälle; Ausweichen vor Pflichten oder Problemen durch körperliche Symptome; Unreife.
4	Psychopathische Abweichungen (Pd)	Mangel an sozialer Sensibilität; kriminelle Neigungen; impulsiv.
5	Männlichkeit - Weiblichkeit (Mf)	wenn Punktzahl hoch: Weiblichkeit (Mf) bei Männern/ niedrig bei Frauen: Deutet auf Interessensbreite, Intellektualität, Selbstbeobachtung, evtl. homosexuelle Neigungen. "Männliche" Werte: Aggressivität, Tendenz zu ungebildetem, taktlosem Verhalten; Mangel an Flexibilität
6	Paranoia (Pa)	Argwohn; Überempfindlichkeit im Sozialverhalten; Dickköpfigkeit.
7	Psychasthenie (Pt)	von Selbstzweifeln, Befürchtungen und Zwangsgedanken gequält; Angst und Angespanntheit; Mangel an Entschlußkraft; Stimmungslabilität.
8	Schizophrenie (Sc)	Schwierigkeiten im Kontakt mit anderen; Neigung zur Isoliertheit; Gefühle der eigenen Unzulänglichkeit; Besorgtheit.
9	Hypomanie (Ma)	Erregungszustände mit gehobener Stimmung. Hohe Werte: Mangel an Selbstkontrolle; geringe Urteilsfähigkeit.Niedrige Werte: Apathie; wenig Initiative.
0	Introversion (Si)	Hohe Werte: Mangel an Selbstvertrauen; übermäßige Besorgtheit; Angst und Launenhaftigkeit.

FPI

Teilweise ähnelt das Freiburger Persönlichkeitsinventar (FPI) sehr dem 16-PF. Statt in 16 zerlegt es die menschliche Seele jedoch in 12 Charaktereigenschaften, darunter Depressivität, Aggressivität, Dominanzstreben, Extraversion, Maskulinität, Geselligkeit. Fragen wie:

- *"Ab und zu lache ich über unanständige Witze."*
- *"Wenn mich eine Fliege ärgert, bin ich erst zufrieden, wenn ich sie gefangen habe."*
- *"Ein Hund, der nicht gehorcht, verdient Schläge."*

empfinden viele als Auswahlkriterium für eine Führungsposition als eher befremdlich.

Mit der Skala "Offenheit" nimmt der Test die Aufrichtigkeit der Befragten unter die Lupe. Sie entspricht einer Lügenskala.

Insgesamt enthält der Persönlichkeitstest 212 Behauptungen oder Feststellungen, die Sie mit "stimmt" oder "stimmt nicht" beantworten müssen. Die meisten Fragen forschen nach körperlichen Beschwerden, Gewohnheiten, Einstellungen und Sozialverhalten. Damit sie weniger zudringlich wirken, hat man die Fragen in Ich-Form formuliert.

Um eindeutige Aussagen zu erhalten, haben die Autoren auf die Möglichkeiten ausweichender Antworten wie "dazwischen" oder "unsicher" verzichtet. Wer vom FPI ausgefragt wird, muß also Farbe bekennen.

In ihrer Testanweisung betonen die Autoren ausdrücklich, daß das FPI als Instrument für die Personalauslese eher ungeeignet ist. Dennoch wollen einige AC-Veranstalter auch auf diesen Test nicht verzichten. Ein krasses Beispiel falsch und unkritisch angewandter Testverfahren. Den Originaltest können Sie übrigens leicht schon an der ersten Frage erkennen. Sie läßt an Naivität kaum noch Wünsche offen:

"Ich habe die Anleitung gelesen und bin bereit, jeden Satz offen zu beantworten. a) stimmt   b) stimmt nicht"

Satzergänzungstests

Bei Satzergänzungstests müssen Sie angefangene offene Sätze mit eigenen Gedanken vervollständigen. Durch eine geschickte Wortwahl gibt man den Befragten nur leichte Anstöße, damit diese aussprechen, was sie innerlich zu assoziieren gewohnt sind.

- "Ich mag nicht ..."
- *"Andere Leute ..."*
- *"Vorgesetzte ..."*
- *"Meine Familie ..."*

Dabei gehen die Testdeuter von der Annahme aus, daß sich in den vom Bewerber gebildeten Satzergänzungen dessen Einstellungen, Befürchtungen und Neigungen widerspiegeln. Solche Tests sehen zwar harmlos aus, sind dafür aber umso listiger. Sie verstehen es meisterhaft, Bewerber auszuhorchen. Paßt man nicht auf, können sie tief ins Unterbewußtsein eindringen.

Die Tests werden oft den jeweiligen Auslesezwecken angepaßt. Die Versuchung selbstgebastelter Konstrukte ist bei Satzergänzungstests besonders groß. In der Hoffnung, vom Stellenkandidaten noch offenere Enthüllungen aus der Tiefe seiner Seele zu erfahren, werden die Satzanfänge mitunter in die dritte Person übertragen:

- *"Herr Krause mag gerne ..."*
- *"Wenn Herr Klein aus dem Büro kommt ..."*
- *"Als mein Vorgesetzter meine Arbeit kritisierte ..."*

Wie soll man sich verhalten?

Halten Sie Ihre Antworten zunächst einmal knapp. Angeblich sollen knappe Antworten Sachlichkeit und Entscheidungskraft signalisieren.

Wollen Sie nicht an Ihren eigenen Sätzen scheitern, meiden Sie alles, was auf berufliche oder private Schwierigkeiten, Konflikte oder Sorgen hinweist. Wer überwiegend sozial unverfängliche und konfliktfreie Antworten gibt, fährt am besten. Auch wenn Sie gute Gründe haben, Ihre Umwelt zu kritisieren, hier sollten Sie es nicht tun.

Die meisten Satzergänzungstests werden nicht nach festen Regeln ausgewertet. Stattdessen erfolgt die Deutung nach dem Ermessen des Auswerters. Daß in der Bundesrepublik bisher nur ungeeichte Testfassungen vorliegen, macht die Anwendung bei der Auslese für Führungskräfte nicht gerade zuverlässiger. Wegen ihrer schweren Durchschaubarkeit erfreuen sich Satzergänzungstests dennoch großer Beliebtheit bei zahlreichen Personalausleseverfahren.

CHECKLISTE - Charakter nach Maß

Oft haben Testkonstrukteure in den wichtigsten Punkten voneinander abgeschrieben, so daß die Fragen - im Fachjargon Items oder Statements genannt - sich vielfach ähneln.

Eingeweihte erkennen meistens schon an den angesprochenen Themen den Zweck der Frage. Anhand der beigefügten Checkliste können Sie erkennen, mit welchen Items für Sie wichtige Persönlichkeitswerte hinterfragt werden. Testen Sie mal, wie sie abschneiden würden.

Kontaktfreudigkeit

In Tests werden die folgenden Verhaltensweisen oft als Kontaktfreudigkeit, Kontaktinteresse oder Extraversion interpretiert:

- Ist in der Grundstimmung Optimist.

- Ist aktiv, lebhaft, gesprächig, temperamentvoll.

- Hält sich für erfolgreich.

- Geht oft und gern aus.

- Ergreift gewöhnlich bei neuen Bekanntschaften die Initiative.

- Kann in Gesellschaften aus sich herausgehen.

- Übernimmt in Gruppen gern die Führung.

- Pflegt gesellige Hobbies (z.B. Diskussionsclubs).

- Greift bei der Arbeit lieber zum Telefon statt zu schreiben.

Emotionale Stabilität

In Tests werden die folgenden Verhaltensweisen oft als emotionale Stabilität oder seelische Belastbarkeit interpretiert:

- Ist Optimist und meistens zufrieden, guter Laune und beschwingt.
- Ist tolerant.
- Neigt nicht zum Perfektionismus.
- Hat so viel Pech wie andere auch.
- Ist selten krank.
- Erreicht seine Ziele fast immer.
- Ist gegenüber Vorgesetzten unbefangen.
- Nimmt sich Kritik und Mißerfolg gewöhnlich nicht stark zu Herzen.
- Würde sich ein neues Leben wie bisher wünschen.
- Läßt sich durch Unordnung nicht stören.
- Hat auch mal gegen den Willen der Eltern gehandelt.
- Findet sich auf Fotos allgemein zutreffend dargestellt.

Leistungswille

In Tests werden die folgenden Verhaltensweisen oft als Leistungsmotivation interpretiert:

- Lebt nach Grundsatz: "Erst die Arbeit, dann das Vergnügen."
- Schiebt Arbeiten nicht auf.
- Überlegt sich vorher genau, was zu tun ist.
- Achtet beim Einkauf auf Qualität.
- Beschäftigt sich mit dem Leben berühmter Menschen.
- Beneidet die Erfolge anderer.
- Denkt auch in den Ferien an die Arbeit.
- Hat genug Kraft, um mit eigenen Problemen fertig zu werden.
- Geht lieber zu Fuß, statt die Rolltreppe zu benutzen.
- Ist ständig bemüht, voranzukommen.

(Quelle: Klein; Tests für Hochschulabsolventen und Führungskräfte; vgl. Anhang)

Spitzenjobs im Ausland

Nils Lahrmann
Bewerben im Ausland
ISBN 3-923930-13-5; 183 Seiten; DM
29,90 /öS 219.- /sFr 29,90

Wie formuliere ich den Bewerbungsbrief und den Lebenslauf in der anderen Sprache? Wie nehme ich Kontakt mit ausländischen Unternehmen und Institutionen auf? Wo erhalte ich Informationen? Welche Ausbildungen, Berufe und Diplome werden im anderen Land anerkannt? Welche Besonderheiten muß man beachten? Das sind nur einige der Fragen, die in diesem Buch angesprochen werden. Es behandelt das Thema „Bewerben in Ausland" ausführlich. Neben zahlreichen handfesten Tips zur Vermittlung des gewissen **„Know-how" für eine Bewerbung, die im anderen Land „ankommt"** , enthält dies Buch auch eine Vielzahl von **Praxisbeispielen erfolgreicher Anschreiben und Lebensläufe in den jeweiligen Landessprachen** . Die Beispiele geben willkommene Formulierungshilfen und können bei Bedarf direkt übernommen werden. Konkreter können Ratschläge kaum noch sein.

Wirkungsvolles Testtraining

Michael Klein:
Tests für Hochschulabsolventen und Führungskräfte
ISBN 3-923930-09-7; 137 Seiten;
DM 34,90/ öS 240.-/ sFr 34,90

Ihre guten Leistungen allein reichen nicht mehr! Gleichgültig, ob Sie sich auf eine Manager-, Ingenieurs-, Computer- oder sonst eine qualifizierte Aufgabe bewerben, neben dem AC werden mit großer Wahrscheinlichkeit **Psycho-Tests** für Sie **die entscheidende Hürde** sein. Tagtäglich entscheiden die in diesem Buch behandelten Tests darüber, wer eingestellt wird und wer nicht, wer in der Firma aufsteigen und wer gehen soll.

Jetzt können Sie die bisher geheimgehaltenen Psycho-Tests entschlüsseln und sich wirkungsvoll vorbereiten. **Dieses Buch zeigt Ihnen, wie Sie die Tests zu *Ihrem* Vorteil lösen können** .

CC-VERLAG GmbH • Postfach 60 04 03 • 22204 Hamburg
Fax: 040-631 73 06 • E-Mail: info@cc-verlag.de
Bewerberservice im Internet: http://www.cc-verlag.de

Gekonnter Berufseinstieg

Claus Coelius:
Bewerben nach dem Studium
ISBN 3-923930-06-2; 164 Seiten;
DM 19,90 /öS 140.- /sFr 19,90

Was nutzt ein gutes Studium, wenn man den Berufseinstieg falsch plant? Wie steige ich optimal ein? Wie komme ich bei Firmen in die engere Wahl? Wie bewerbe ich mich entsprechend? Was muß ich bei Traineestellen beachten? Was erwartet mich im Assessment Center? Mit welchen Auswahltests muß ich rechnen? Wie kann man sich darauf vorbereiten?

Entstanden aus den Erfahrungen vieler Bewerber bietet dieses Buch Ihnen ein **erfolgreiches Konzept für einen gelungenen Berufseinstieg nach dem Studium**.

Die Tips der Profis

Claus Coelius:
Das neue Bewerbungskonzept
ISBN 3-923930-00-3; 142 Seiten;
DM 19,90 /öS 148.- /sFr 19,90

Für die Auswertung und Beurteilung Ihrer Bewerbung leisten sich viele Unternehmen hochqualifizierte Spezialisten mit hohen Ansprüchen. Nicht selten gehen deshalb Stellensuchenden gute Chancen verloren aus Unwissenheit auf dem Gebiet des "Marketing in eigener Sache".

Dieses Buch bietet Ihnen ein **neuartiges und erfolgreiches Konzept auf der Suche nach einem Arbeitsplatz**, der Ihren Erwartungen entspricht. Mit Hilfe neuartiger Checklisten können Sie Ihre eigenen Zeugnisse, Ihren bisherigen Berufsweg aber auch Stellenanzeigen wie ein Personalprofi analysieren. Das neue Wissen können Sie damit sofort konkret auf Ihre persönlichen Verhältnisse anwenden und in Erfolg umsetzen..

CC-VERLAG GmbH • Postfach 60 04 03 • 22204 Hamburg
Fax: 040-631 73 06 • E-Mail: info@cc-verlag.de
Bewerberservice im Internet: http://www.cc-verlag.de

Der aktuelle Zeugniscode

Claus Coelius
**Zeugnisse -
Wie Sie böse Überraschungen vermeiden**
Isbn 3-923930-02-X; ca. 146 Seiten
DM 19,90 /öS 148.- /sFr 19,90

Erhalten Sie oft Absagen? Liegt das vielleicht an Ihren Zeugnissen? Wissen Sie wirklich genau, was Ihr Arbeitszeugnis aussagt? Auch zwischen den Zeilen? Was darf im Zeugnis erwähnt werden und was nicht? Welche Besonderheiten gibt es bei Zeugnissen für Führungskräfte? Wann sollten Sie ein Zwischenzeugnis verlangen? Was tun, wenn man mit seinem Arbeitszeugnis nicht einverstanden ist?**Mit den im Buch enthaltenen Checklisten können Sie Ihr eigenes Zeugnis analysieren wie ein Profi.**

Gekonnte Ausbildungsplatzsuche

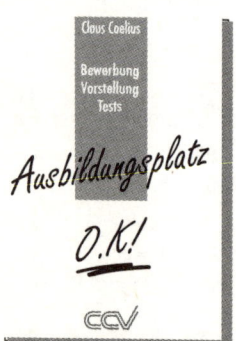

Claus Coelius
Ausbildungsplatz o.k!
*ISBN 3-923930-08-9; 152 Seiten;
DM 15,90 /öS 118.- /sFr 15,90*

Die Suche nach einem Ausbildungsplatz ist heute deutlich schwieriger geworden. Wie man mit dem richtigen Know-how trotz aller Schwierigkeiten einen attraktiven Ausbildungsplatz bekommen kann, zeigt dieses Buch. Mit vielen Beispielen und Tips hilft es bei der Kontaktaufnahme mit Unternehmen, ebenso wie bei Schwierigkeiten mit der schriftlichen Bewerbung (Musterbeispiele), dem Vorstellungsgespräch und den gefürchteten Einstellungstests. Dabei werden auch Anregungen und Möglichkeiten aufgezeigt für Ausbildungsplatzsuchende, deren Bewerbungen bisher erfolglos blieben. **Mit Hilfe neuartiger Checklisten können Sie das im Buch enthaltene "gewußt wie" gleich zu Ihrem persönlichen Vorteil umsetzen.**

CC-VERLAG GmbH • Postfach 60 04 03 • 22204 Hamburg
Fax: 040-631 73 06 • E-Mail: cc-verlag@t-online.de
Bewerberservice im Internet: http://www.cc-verlag.de

100 Tips und Musterbeispiele

Claus Coelius:
Bewerbungsbrief und Lebenslauf
ISBN 3-923930-11-9; 132 Seiten;
DM 19,90 /öS 148.- /sFr 19,90

Dieses neue Buch behandelt das Thema ausführlich. Neben zahlreichen handfesten Tips zur Vermittlung des gewissen „Know-how" für eine Bewerbung „die ankommt", enthält dies Buch **eine umfangreiche Sammlung von Praxisbeispielen erfolgreicher Anschreiben und Lebensläufe,** die ihre Verfasser regelmäßig in die engere Wahl kommen ließen. Die Beispiele geben willkommene Anregungen für die eigene Bewerbung und können bei Bedarf sogar direkt übernommen werden. Dazu findet sich auf der einen Seite das Stellenangebot und gegenüber das dazugehörige Anschreiben, welches zeigt, wie man geschickt und überzeugend auf die Anzeige eingehen kann, ohne zu übertreiben. Konkreter können Ratschläge kaum noch sein.

Die 100 häufigsten Fragen im Vorstellungsgespräch

Claus Coelius:
Fit fürs Bewerbungsgespräch
ISBN 3-923930-10-0; 132 Seiten;
DM 19,90 /öS 148.- /sFr 19,90

Bewerbungsgespräche lassen sich trainieren. Entstanden aus den Erfahrungen vieler Personalpraktiker und Stellensuchender erhalten Sie mit diesem Buch **ein erfolgreiches Konzept für eine gelungene Vorbereitung auf Ihr Vorstellungsgespräch.**

Mit Hilfe neuartiger **Checklisten** und einem **umfangreichen Fragenkatalog** werden Sie für Ihr Vorstellungsgespräch fit wie ein Personalprofi. Die **zahlreichen Tips und Ratschläge** können Sie sofort konkret auf die eigenen Verhältnisse anwenden und in Erfolg umsetzen.

CC-VERLAG GmbH • Postfach 60 04 03 • 22204 Hamburg
Fax: 040-631 73 06 • E-Mail: info@cc-verlag.de
Bewerberservice im Internet: http://www.cc-verlag.de